Adiós a Berlín

IBON ZUBIAUR

CUADERNOS
DE HORIZONTE

Adiós a Berlín

La ciudad en continua reinvención

IBON ZUBIAUR

LA LÍNEA DEL HORIZONTE
ediciones

Colección Cuadernos de Horizonte, 34

Primera edición: abril, 2025

Publicado por LA LÍNEA DEL HORIZONTE EDICIONES
C/ Mesón de Paredes, 73, 28012 (Madrid, España)
www.lalineadelhorizonte.com
info@lalineadelhorizonte.com

Coordinación editorial: Miguel S. Salas
Corrección: Luis Porras Vila
Diseño de cubierta:
Víctor Montalbán | Montalbán Estudio Gráfico
Fotografía de cubierta: Estatua con el pico de la
Torre de Televisión de Berlín (Fernsehturm) en el fondo, 2025.
© Marcello Mencarini / Bridgeman Images

ISBN: 978-84-129013-2-0
THEMA: WTL, 1DFG | Depósito Legal: M-2216-2025

Imprime: Estugraf | Impreso en España

Este libro ha sido impreso en papel ecológico, cuya materia prima
proviene de una gestión forestal sostenible.

Adiós a Berlín

INTRODUCCIÓN

La idea para este libro me llegó una tarde de septiembre de 2020, frente a la Haus der Einheit, pensando en cómo explicar Berlín a alguien que quise. Un meritorio panel informativo resume la historia de un edificio notable que no necesariamente llama la atención en ese cruce caótico y ecléctico. Pero hasta el visitante culto que se avenga a leerlo retendrá apenas unos titulares deslavazados, difíciles de conectar con lo adyacente (que incluye: un bloque reformista de 1906, una antigua fábrica de pan, un cementerio, edificios de oficinas del nuevo centro socialista junto a Alexanderplatz y la parte trasera del conjunto en torno a la Volksbühne). Berlín, en la lograda agudeza de Karl Scheffler *la ciudad condenada a no ser (y a estar continuamente transformándose)*, se caracteriza por yuxtaponer de forma abigarrada estilos y propuestas a menudo inconciliables, como resultado de un crecimiento febril y polémico alimentado por fuerzas antagónicas. Esa densidad tectónica refleja asimismo los avatares políticos que hicieron de ella la urbe europea más significativa del siglo XX, el epicentro del genocidio por antonomasia y la que durante más tiempo conservó sus cicatrices. Nada de ello se le revela solo al turista ingenuo y sentimental: ni el rehabilitado Reichstag, ni la Puerta de Brandemburgo, ni la apelmazada catedral atesoran méritos arquitectónicos, y tampoco la sobria atrocidad de los restos del Muro resulta más elocuente que la de la valla de Melilla. Para poder captar las historias que encierra Berlín, hay que saber *hacerla hablar*: ello exige detenimiento, capacidad de escucha, y sobre todo un bagaje lo más copioso posible de lecturas. Quizá más que cualquier otra ciudad contemporánea, Berlín se ofrece como *palimpsesto*, como revoltijo de trazos superpuestos cuyo lenguaje hemos de aprender a descifrar.

Mi plan de profundizar más en la ciudad y decantarlo en un ensayo de *flâneur* se vio pronto truncado. La segunda ola del coronavirus disparó las infecciones y Alemania pasó a aplicar restricciones draconianas que se mantendrían hasta junio de 2021. Y si en España, exhausta y arruinada tras el brutal confinamiento domiciliario de la primavera de 2020, ningún gobernante se atrevió ya a volver a paralizar la vida pública (y algunos sacaron réditos electorales de su empecinamiento en no aplicar limitaciones), Berlín fue durante ese eterno invierno una ciudad fantasma. No solo la gastronomía y el comercio permanecieron cerrados durante meses, sino también museos, bibliotecas, y hasta iglesias; toda la exploración que requería un proyecto así quedó acotada a lo superficial en su sentido estricto: a lo visible desde el exterior (en un sentido muy concreto, junto a los interiores de los edificios dejó de poder verse cuanto queda bajo tierra, en muchos casos espacios y rutas claves de la historia de la ciudad, desde la canalización a búnkeres de la Segunda Guerra Mundial y a túneles excavados bajo el Muro). No por ello dejó de ser fructífera: en esos meses la ciudad se me reveló desde una perspectiva nueva, que ponía en valor equipamientos y lugares hasta entonces desatendidos o cuya inaccesibilidad más pesaba. También multipliqué mis visitas a lugares de memoria sin riesgo de contagio, como los cementerios. Aunque el símil tiene su punto inquietante, por su capacidad de perturbar la vida colectiva el estado de alarma de esos meses fue lo más parecido a una guerra que ha llegado a vivir mi generación, y en ese sentido obligó a todos a repensar la ciudad y las prioridades que favorece su diseño.

En febrero de 2021, por fin, y sin ningún aviso previo, mi casera me comunicó la rescisión de mi contrato de alquiler. Aunque el motivo alegado era la necesidad de uso propio, que es el único contemplado cuando el inquilino cumple escrupulosamente sus obligaciones, nadie dejó de reconocer en ello un subterfugio para poder volver a alquilar el piso a un precio muy superior; en los últimos años, con el mercado inmobiliario de la ciudad desatado, miles de familias berlinesas vienen siendo puestas de patitas en la calle para brindar una rentabilidad que ya no ofrecen los abstrusos y fraudulentos productos financieros. En mi caso particular no resultaba dramático; precipitó mi regreso a España y un nuevo comienzo tras la cesura colectiva que supuso la pandemia. Pero también me hizo sentir en carne propia el principal problema de Berlín, que en muy poco tiempo ha pasado de ser la más barata de entre las grandes capitales europeas y un espacio cultural acogedor y bullicioso a convertirse en un casino especulativo de población flotante, sin arraigo, y que no presta ya atención a su singularidad histórica y urbana. Las iniciativas que tratan de paliar esta funesta tendencia (desde la pionera ley de tope al alquiler que aprobara la coalición de gobierno local y anulara el Tribunal Constitucional por estimar que solo las autoridades federales tienen esa competencia, hasta el referéndum sobre la expropiación de empresas dueñas de más de 3000 viviendas forzado por la movilización ciudadana) han vuelto a elevar a Berlín a referencia mundial del debate sobre el espacio público y la convivencia.

Finalizado mi propio ciclo de ocho años en la ciudad, no quiero dejar de ofrecer mi lectura de algunas de sus claves. Confío en lograr hacérselas visibles a más, entre las intercambiables fachadas de oficinas, las filiales de franquicias y los locales de venta de bebidas alcohólicas que proliferan bajo el turismo de borrachera.

PATIOS

Olvídense de la Puerta de Brandemburgo y de los edificios ilustres de Unter den Linden. Olvídense por un momento de la Isla de los Museos, aunque albergue una de las mayores concentraciones de arte del mundo. Olvídense incluso del Muro que dividió la ciudad y simbolizó la Guerra Fría. Si existe un elemento arquitectónico que caracteriza Berlín y permite entender como ningún otro su desarrollo urbano, ese es el patio trasero, el mítico *Hinterhof*. Denostado durante un siglo como encarnación de la insalubridad y de todos los males de la sociedad moderna, las furibundas críticas que soportó rara vez se extendieron a sus condicionantes económicos y encerraban a menudo un moralismo reaccionario; la acumulación de patios obedeció, desde luego, a la imparable carestía del suelo en una ciudad que en apenas décadas se convirtió en la primera urbe industrial del continente europeo, pero también a un plan urbanístico que hizo de la necesidad virtud no tanto por resignación como por voluntad de generar mezcla social y aprovechar los recursos ya dados. El responsable de ese plan, James Hobrecht

(1825-1902), es sin duda una de las figuras cardinales de la historia de Berlín y, si Ildefonso Cerdà ha merecido todo tipo de parabienes por su ensanche de Barcelona (seguramente con merecimiento), mientras que el balance del París de Haussmann resulta más ambivalente (seguramente también con merecimiento), Hobrecht merece ser reivindicado hoy con especial énfasis tras los desmanes causados por los paladines de la ciudad jardín y la Carta de Atenas.

Berlín acometió su propio ensanche a partir de 1860, cuando se derribó el muro de aduana que había marcado el contorno de la ciudad desde los tiempos de Federico II. La Policía Real de Prusia, responsable también de infraestructuras, encomendó el plan al joven ingeniero Hobrecht, que estudió sobre el terreno el desarrollo de diversas urbes europeas. De Londres en particular se trajo una obsesión: no permitir que la ciudad se disgregara en barrios de ricos y pobres y favorecer los usos mixtos, una meta que no ha perdido actualidad («Por razones morales y por ello también urbanísticas, lo procedente me parece no la "reclusión", sino la "penetración"»). La edificación al borde de la calle (lo que en Alemania se denomina *Randbebauung*) y la construcción en altura, el modelo que había marcado la ciudad europea desde la antigua Roma, le parecían no solo la mejor forma de enfrentarse a la escasez de suelo, sino también el mejor garante arquitectónico de ese objetivo, ya que en la era previa al ascensor los pisos de un bloque de viviendas se distribuían de manera natural según la escala social (las clases más acomodadas en la entreplanta y según ingresos decrecientes hasta la buhardilla). El que las parcelas fueran más profundas que anchas le parecía igualmente oportuno para procurar luz y aire puro a todos los habitantes a resguardo del tráfico: Hobrecht, que en eso no se diferenciaba esencialmente de los que le criticarían, soñaba con jardines y huertas traseras. El énfasis lo puso en la anchura de las calles (que hoy es uno de los elementos más llamativos del Berlín que él diseñó) y en trazar también plazas para el esparcimiento, limitando así las expropiaciones a lo imprescindible. La Policía Real asumió el plan, despidió a Hobrecht (que pasó a diseñar el sistema de alcantarillado de Stettin y a partir de 1872, cuando su hermano Artur fue nombrado alcalde de Berlín, pudo asumir también el de la capital, que sería el más avanzado del mundo y ha seguido funcionando hasta la actualidad), y no aprobó una sola de las medidas regulatorias que había propuesto el ingeniero, como la prohibición de viviendas en el sótano (se impondría solo en 1925, ya con la República de Weimar).

La única restricción que contemplaba la normativa vigente era la anchura mínima para que en cada patio pudiera maniobrar un carro de bomberos: 5,34×5,34 m. En esa fase de crecimiento desatado, se otorgó en la práctica una patente de corso a la especulación inmobiliaria y al aprovechamiento exhaustivo del espacio disponible.

Teniendo en cuenta que la dimensión estándar de las parcelas era de 22 metros de anchura y 56 metros de profundidad, resulta en principio lógico que se edificara más allá de la fachada. Los bloques de ala única, de hecho, fueron excepcionales en Berlín y se erigían solo en los solares de fondo más reducido. La variante más común, y no solo por razones de rentabilidad, fue la adición de un ala lateral; en 1862 Gustav Assmann, el arquitecto adjunto a Hobrecht, publicó sus *Fundamentos de vivienda urbana*, dedicados esencialmente a la planta de dos alas, con diferentes soluciones tipo que favorecieron la estandarización (y la uniformidad) de los bloques de pisos. La prolongación en L de las viviendas nobles permitía dotarlas de dimensiones considerables y de dos vías de acceso (algo muy apreciado en una era empeñada en separar la entrada de servicio), y a la vez intercalar viviendas más pequeñas en el patio; si dos edificios adyacentes coordinaban simétricamente sus alas laterales con los de la calle paralela, se creaba un generoso patio central que, siempre que no estuviera ocupado por talleres o retretes (como hasta hace muy pocas décadas era habitual en los barrios obreros), aportaba luz y aire puro a los residentes. Yo mismo viví ocho años en un patio así y puedo certificar la calidad de vida que conlleva: aislado del tráfico exterior y con temperaturas bastante más atemperadas en verano si cuenta con arbolado (en mi caso un esplédido castaño que se hacía notar en septiembre, cuando sus frutos bombardeaban el tejado de uralita de la caseta adyacente), el patio interior viene a suponer en esos casos un oasis en pleno centro, rebosante de luz y de tranquilidad.

Pero este modelo logrado de patio trasero tampoco fue a la larga el dominante. En los solares más profundos, de hecho, la solución más habitual fue la acumulación de bloques en paralelo, con patios intermedios que a veces se limitaban estrictamente a las medidas mínimas estipuladas de 5,34×5,34 m. Las malas condiciones de salubridad que resultaban de ello (a los pisos inferiores, sencillamente, no llegaba nunca la luz del sol) se veían agravadas por escandalosas carencias en la dotación de los inmuebles: con la demanda de vivienda económica disparada por el *boom* industrial, muchos promotores no tenían escrúpulo en maximizar beneficio reduciendo los pisos a la mínima expresión (en los barrios obreros la norma eran una o dos habitaciones con nicho de cocina y toma de agua, y ahí habían de convivir una o más familias) y en ahorrarse los servicios más elementales (la mayoría de los pisos carecían de baño, había habitaciones sin ventanas, y los retretes solían ser comunes, en los descansillos de la escalera o en el patio). A ello se sumaba la dejadez de las autoridades municipales a la hora de garantizar los servicios públicos: la red de alcantarillado, como queda dicho, no se emprendió hasta la década de 1870, y la regulación de la recogida de basuras o de la convivencia con actividades industriales o comerciales era casi inexistente. Según el censo de 1861, uno de cada diez habitantes de Berlín residía en un sótano, y los patios interiores los ocupaban en buena medida pequeñas fábricas y talleres de todo tipo. Las rentas comerciales siempre han sido superiores a las de vivienda, y la economía de una ciudad cuyo formidable auge se basó en la industria y la construcción (en 1871, el año de la fundación del Reich, el 53,6 % de la población de Berlín trabajaba en uno de estos dos sectores) conllevaba, como en la España del *boom*, una miríada de pequeñas empresas artesanas: carpinteros, pintores, cerrajeros, ferreteros, cristaleros, tapiceros, curtidores, además de toda la labor que entonces solían asumir en casa las mujeres (modistería, lavandería) y por supuesto del comercio minorista, en una era que solo gradualmente iría dando paso a los grandes almacenes. Y, como el acelerado crecimiento urbano absorbió pronto a grandes fábricas inicialmente establecidas en la periferia, tanto las calles como los patios de Berlín eran durante la mayor parte del día una cacofonía abigarrada de ruidos y hedores, desde los tornos y desechos de los talleres a los cascos y heces de los caballos.

Fue esta versión destartalada de los barrios proletarios la que acabó acaparando las asociaciones del patio trasero como una sinécdoque. El problema no estaba tanto en el concepto como en su materialización en una era de capitalismo manchesteriano y sin apenas regulación estatal; el hacinamiento se cronificó en Berlín durante décadas, como solo podía ocurrir dadas las condiciones de partida. Cuando Hobrecht concibe su plan, Berlín sigue siendo una urbe comparativamente pequeña: con la anexión del Wedding y Moabit en 1861 alcanza 60 km^2; París abarca en esos momentos 78 km^2; San Petersburgo, 92 km^2; y Londres, la mayor metrópoli del mundo, 305 km^2. A todos los que denostaron la opción por un urbanismo denso habría que preguntarles dónde pensaban ubicar a la población afluente y cómo iban a pagar sus chalecitos. En vísperas de la Primera Guerra Mundial, Berlín registraba la mayor densidad demográfica del mundo, y con diferencia: si en Londres (con cuatro millones y medio de habitantes) cada edificio acogía de media a 8 personas, en Nueva York (tres millones), a 17; en París (dos millones y medio), a 38; y en Viena (dos millones), a 51; en Berlín (con todavía dos millones de habitantes, antes de la gran anexión de 1920) residían 76 personas por inmueble. Y, como en Prusia rigió hasta 1918 un sufragio censitario, tampoco ha de sorprender que la legislación amparase descaradamente a los propietarios: los inquilinos firmaban casi siempre contratos de seis meses cuya renovación implicaba una subida, con lo que las mudanzas y los desahucios (que se ejecutaban sin contemplaciones) estaban a la orden del día. Una solución muy socorrida entre las familias obreras era subalquilar espacio en la vivienda, a veces por horas (lo que en el siglo XXI se ha dado en llamar *pisos patera*). Significativamente, las denuncias contemporáneas del hacinamiento recalcaban más su presunto riesgo *moral* (promiscuidad sexual, propagación del marxismo y la impiedad, mezcolanza, plebeyez y multitud) que las propiamente sanitarias. Cuando en Charlottenburg (que se incorporó a Berlín solo en 1920 y era mucho más pudiente) las autoridades quisieron afrontar el problema de la vivienda, su solución consistió en enviar a los bloques obreros a asesores municipales que debían incidir en tres medidas básicas: renunciar a alojar subalquilados, cerrar bien la puerta del retrete, y separar por sexos a los hijos. La anécdota ilustra de modo ejemplar las prioridades de la moral burguesa e invita a replantear la crítica a los denominados *cuarteles de alquiler* (*Mietskasernen*): sin duda las condiciones de vida en gran parte de Berlín fueron tremebundas, pero sería preferible analizar por qué y en qué se diferenciaban de las de otras urbes industriales en vez de echarle la culpa a Hobrecht y ensalzar a cambio la vivienda unifamiliar y el modelo suburbial, que están concebidos para perpetuar la separación de clases y el patriarcado.

Incontables personas residieron apelotonadas en patios malsanos que dieron pie a la leyenda negra de Berlín. Seguramente ninguno de esos patios alcanzó la fama de los Meyers Höfe en la Ackerstraße 132, en el distrito obrero por antonomasia de Wedding: su promotor, el industrial textil Jacques Meyer, tuvo el dudoso honor de batir el récord de aprovechamiento de un solar, y no por el número ni la estrechez de sus patios (seis, con diez metros de separación entre los edificios), pero sí de viviendas (257, casi todas de dos habitaciones). Más de 2000 personas llegaron a vivir en un solo portal hasta que en 1903 Meyer hizo instalar una turbina de vapor en el sexto edificio para favorecer la instalación de pequeñas industrias, lo que redujo el número de residentes en el bloque a 900, pero a cambio multiplicó la actividad en él. Merece la pena citar textualmente una enumeración (ni siquiera exhaustiva) de lo que llegó a albergar un único número de una calle ya de por sí densamente poblada, un mundo en miniatura:

> Cinco cigarreros, un comercio de verduras, el 13° comedor popular, un taller de escultura, tres fábricas de mostaza, el local de la comunidad metodista, una fábrica de pasta, la «Primera Lavandería-Costurería de Berlín», una fábrica de botones, un tratante de cerveza, un almacén de la limpieza vial, una fábrica de láminas de fieltro, una fábrica de pan de miel, una fábrica de pantuflas, una fábrica de limpiadores para cilindros, una fábrica de maletas, un comercio de cuerda, un taller de calderas, una fábrica de letras de cristal, una fábrica de varas, tres comercios de sacos, una fábrica de agujas para el pelo, una escuela de cocina de la filial de la Asociación Patriótica de Mujeres, un comercio de bolsas de papel, una lavandería, una fábrica de cartón, una fábrica de cepillos, un taller de pulido de nácar, una fábrica de peines, un baño público [en las

viviendas, casi está de más decirlo, no había baños ni duchas], un comercio de gansos, un *luthier*, una fábrica de cajas registradoras, una fábrica de licor de huevo, una manufactura de hilos metálicos y lámparas, una empresa de pasteurización de leche, una fábrica de abono para flores, una fábrica de sombreros y por último una fábrica de ataúdes [...]

Solo la fachada y el primer patio de los Meyers Höfe sobrevivieron a las bombas de la Segunda Guerra Mundial. En 1972 se volaron sus últimos restos para dar paso a un mastodonte brutalista que viene a encarnar todo el desdén hacia la calle del movimiento moderno, con sus salidas de garaje y recovecos superfluos que parecen concebidos para inspirar inseguridad a toda persona que regrese sola por la noche. Ahora las entradas a los patios interiores están cerradas por verjas, y en general ese tramo de la Ackerstraße se diseñó para interrumpir el tráfico con sus meandros y árboles: hay que tener presente que, cuando se construyó el bloque, la calle quedaba truncada por el Muro en la Bernauer Straße, a escasos metros. Pero cruzar esa zona antaño tan bulliciosa deja una sensación amarga: gran parte del Wedding (el principal foco del movimiento obrero, lo que debió contribuir a la voluntad política de eliminarlo) no es más que una sucesión desangelada de bloques de cemento con los que los promotores (esta vez públicos, desde la década de 1950) tampoco se esmeraron mucho porque estaban destinados a inmigrantes. Como dice el amante de Franziska Linkerhand en la novela homónima (crecido él mismo en un patio trasero en Kreuzberg), «un desastre, porque la ciudad incumple su función al no fomentar las comunicaciones, sino entorpecerlas, al no mezclar los espacios vitales y las actividades de sus habitantes, sino separarlas». Y como le espeta Franziska a su superior (el arquitecto jefe de la ciudad), «Os habéis cargado la calle», que es lo que constituía el objetivo expreso y declarado del proyecto totalitario de Le Corbusier.

Enfrente de los antiguos Meyers Höfe, al menos, los edificios de los años 50 y 60 lucen balcones en todas sus alturas para aprovechar la orientación sur, pero no hay un solo espacio comercial hasta justo antes de la Gartenplatz. Y, como el primero es un supermercado elemental (en algún sitio habrán de abastecerse los residentes del barrio, por lo general de rentas bajas) que ha tapiado casi toda la fachada que le correponde, la tímida placita que se adivina frente a él está ocupada casi todo el día por alcohólicos que consumen allí sus bebidas baratas. Tan solo un bloque erigido en los años 80 (de largo el más elegante) alberga dos locales comerciales en sus bajos, una tienda de electrodomésticos y una farmacia (la única en un radio de un kilómetro); yo me pateé exhaustivamente esa zona del Wedding limítrofe al Muro y jamás logré ver, por ejemplo, una peluquería, un tipo de local que prolifera en otros barrios de Berlín casi tanto como los bares en España y cuya prioridad para amplios sectores de población puso de manifiesto en la primavera de 2020 el confinamiento domiciliario.

Como los Meyers Höfe, muchos patios traseros truculentos fueron derribados en los años 60 y 70, sobre todo en Berlín Occidental donde, una vez concluida en lo esencial la labor de reconstrucción de la posguerra y tras la espantada masiva de grandes empresas por la partición, la actividad económica (fuertemente subvencionada) se volcó en el ladrillo y en reemplazar el Berlín histórico. De ahí que buena parte de los ejemplos felices de patios traseros, que también los hay, se conserven hoy en la parte de la ciudad que fue elevada a capital de la RDA, donde la política de vivienda se centró más bien en la construcción de grandes urbanizaciones en la periferia: es lo que salvó el grueso del Prenzlauer Berg, donde apenas se invirtió durante décadas a la espera de los recursos para volarlo y sustituirlo por bloques modernos. La recompensa no prevista al largo deterioro terminó siendo su rehabilitación tardía a partir de

1990, en muchos casos gracias a que las protestas ciudadanas (o la *okupación* de inmuebles vacíos) impusieron preservar lo existente frente a la codicia especulativa. Los inversores, que en principio hubiesen preferido la operación mucho más rentable de derribo y nueva construcción, se dejaron consolar por las pródigas ayudas públicas (el llamado *libre mercado* no es más que un mito del que servirse de forma interesada); el Prenzlauer Berg pasó a ser durante años el mayor espacio de regeneración urbana de Europa, y su renacimiento conllevó la expulsión económica de casi todos sus residentes, incapaces de hacer frente al alza de las rentas. No soy el más autorizado para denunciar la gentrificación: durante ocho años residí en un edificio rehabilitado solo en 2011 y en el que hasta entonces la mayor parte de las viviendas carecían de baño. Pero mi suerte ilustra cómo nadie queda al margen de una realidad de la que fui partícipe involuntario, y en los dos papeles.

El visitante hoy solo puede hacerse una idea incompleta de los Hinterhöfe, dado que las viviendas privadas suelen mantener cerrado el portal de la calle. La muy popular Kastanienallee atesora el mayor número de patios sucesivos que por lo general siguen siendo de usos mixtos, y que permiten hacerse una idea aproximada de cómo era la vida en ellos cuando en los rehabilitados recintos traseros operaban ruidosos talleres en lugar de estudios de arquitectura (los patios accesibles al público son ahora justamente los que albergan oficinas, espacios culturales o gastronomía). En lo que fuera el centro histórico de la ciudad, uno de los pocos patios abiertos que ha sobrevivido es también uno de los más espectaculares, el de la Münzstraße 21-23. Ya la fachada, que se extiende a lo largo de toda una esquina, es de una vistosidad poco habitual, pero los dos patios traseros no le desmerecen. En 1892/93 los arquitectos Poetsch & Bohnstedt erigieron este complejo en estilo neorrenacentista; la estructura irregular del solar (que es más un trapecio que un rectángulo) propició una solución asimétrica de gran viveza, con sus logias y miradores y el portal neobarroco que da un toque de distinción al conjunto. Según la pauta habitual en la época, el generoso primer patio estaba destinado a vivienda, y el segundo, bastante más modesto, a una imprenta.

Aún más llamativos, por su voluntad de introducir otros estándares de calidad en una de las calles más proletarias de Berlín, son los patios de la Ackerstraße 14-15. La parcela había pasado a ser doble ya en 1836 y albergó una fábrica de velocípedos hasta 1908, cuando fue adquirida por el ingeniero y fabricante Otto Gillmann. Este encargó un nuevo diseño del conjunto al solicitado arquitecto modernista Johannes Kraaz, que dividió el extenso solar en cuatro patios mediante dos bloques en paralelo y sin recurrir a alas laterales. Pero las dimensiones de los patios, de los que solo el último se destinaba a talleres, y el cuidado diseño de las fachadas, que incluían balcones y logias, apuntaban claramente a otro estrato social que el dominante en la Rosenthaler Vorstadt. No puede decirse que la operación saliera bien: los nuevos inquilinos fueron sobre todo artesanos, modistas y pequeños empleados que seguían recurriendo al subalquiler para poder pagar las rentas. En los años de la inflación, Gillmann hubo de vender el bloque. Descuidado durante los años de la RDA y rehabilitado con esmero, el bloque brilla hoy como uno de los más idílicos y hermosos de su entorno.

Aún más bombástico y espléndido es el conjunto erigido en 1903/04 por el muy patriótico Vaterländischer Bauverein muy cerca de los Meyers Höfe en pleno Wedding, en la Hussitenstraße 4-5. Concebido para encarnar el compromiso social cristiano y al mismo tiempo ensalzar las glorias nacionales, el complejo que diseñó el arquitecto Ernst Schwartzkopff constaba de seis amplios patios en seis pastiches historicistas diferentes (románico, gótico, Núremberg, renacentista, barroco y contemporáneo) y no escatimaba ni en la ornamentación (todas las ventanas y balcones siguen patrones distintos), ni en la dotación de las viviendas (con baño, calefacción central, y logias), ni en la provisión de servicios (en su momento contó con biblioteca, guardería, baños y diversas tiendas: todo un barrio con vida propia a resguardo del bullicio callejero). Durante la Segunda Guerra Mundial, el bloque que daba a la calle sucumbió a un bombardeo, y gran parte del resto se demolió en los años 50 para dar paso a la deslavazada urbanización que enmarca el conjunto ahora: se conservó apenas una fachada del primer patio y el grueso de los dos siguientes, aunque privándolos de muchos de sus ornamentos para amoldarlos al gusto austero de la posguerra.

Pero los patios más frecuentados de Berlín son desde luego los Hackesche Höfe, que si bien están totalmente turistizados al menos merecen esa resonancia: con sus ocho patios para usos mixtos, hoy conforman el mayor conjunto conservado en la ciudad. La genialidad del arquitecto y promotor Kurt Berndt consistió no solo en delegar el diseño de las extravagantes fachadas modernistas en August Endell (un autodidacta en el oficio que en principio estudió Filosofía y Psicología), sino en asumir el principio estructural que venía apuntándose en otras construcciones y ubicar los patios residenciales al fondo (con balcones a unos patios desahogados y un confort en las viviendas acorde con los estándares burgueses), los locales comerciales y culturales en primera línea de calle, y la pequeña industria repartida por el medio. Durante siglos, los más pudientes habían hecho ostentación de riqueza ocupando el espacio urbano con fachadas vistosas que exhibían su prosperidad mediante columnas, frontispicios y todo tipo de adornos; en la nueva era del consumo de masas eran los cines, teatros y grandes almacenes los que reclamaban la primera línea, y la burguesía acomodada que no quería huir a la periferia se refugiaba en los patios buscando el recogimiento que no podían brindar las atestadas calles.

Donde mejor se aprecia esa inversión del principio representativo urbano a partir de un uso cabal del patio es en un tipo de edificio que vivió su gran fase expansiva en esos años: la escuela. El Reich alemán era un Estado autoritario y estamental, concebido para perpetuar los privilegios de la vieja aristocracia en lo militar y lo político a cambio de dar carta blanca en lo económico a la industria y el comercio. Pero sus élites tuvieron la cordura de financiar con largueza la enseñanza pública: de otro modo no hubiese sido posible sostener solo con los hijos de las clases pudientes un crecimiento que se basaba cada vez más en lo que hoy se denomina I+D+I (investigación, desarrollo e innovación). En Berlín, el arquitecto y responsable de obras públicas Hermann Blankenstein (1829-1919) emprendió una auténtica ofensiva constructora: durante sus 24 años en el cargo, entre 1872 y 1896, se construyeron con diseños suyos hasta 120 escuelas comunales; su sucesor Ludwig Hoffmann (1852-1932; otros 28 años en el cargo) prosigió su labor con similares prioridades y notable tino. Blankenstein y Hoffmann están entre los mayores benefactores de Berlín; tres escuelas del primero en el que fuera mi barrio ilustran bien la evolución del concepto a la base.

La escuela primaria en la Arkonaplatz (1865) presume de ser la más antigua de Berlín en uso. Su fachada de ladrillo recocido al descubierto (en este caso amarillo) iba a ser marca de la casa de Blankenstein, igual que los sencillos adornos de terracota: eran magníficos aislantes y más fáciles que mantener que otros revestimientos (como regla de buen cubero, los edificios de ladrillo de ese período suelen ser públicos o eclesiales, mientras que los de viviendas privados están revestidos de estuco). El ladrillo había sido un material característico en la arquitectura de Berlín ya desde Schinkel: la zona carece de canteras significativas, y el hallazgo de un importante yacimiento de arcilla al norte de Brandemburgo en la década de 1880 alimentó el acelerado crecimiento de la ciudad, siempre bien abastecida por vía fluvial. Pero esta fachada destaca por su sobriedad y su amplitud, que permite múltiples accesos y la hacía visible desde muchas calles en esos años en que el grueso del barrio estaba aún sin urbanizar. No eran ventajas desdeñables: un edificio reconocible en una plaza abierta facilitaba la orientación de los niños (en el Prenzlauer Berg obrero de hace siglo y medio hubiese sido impensable que unas madres helicóptero acompañaran a sus vástagos hasta la puerta misma de clase) y encarnaba sin pompa la muy real promesa de ascenso mediante la educación. Pero Blankenstein se vio pronto obligado a hacer de la necesidad virtud y optar por otras soluciones estructurales.

Para la escuela primaria en el número 23a de la Gipstraße, no fue posible adquirir sino un solar estrecho tras el que se extendía un patio desproporcionado. Hoy es difícil hacerse una idea de la densidad poblacional del barrio en aquellos años: a excepción de la muy humilde Koppenplatz, todas las zonas verdes de los alrededores son huecos que dejaron las bombas de la Segunda Guerra Mundial (así el parquecillo al final en ángulo de la Gipstraße, o ya junto al río, el Monbijoupark y el James-Simon-Park). Como las dimensiones del inmueble no permitían otra cosa, Blankenstein renunció a una entrada representativa y erigió en la fachada a la calle viviendas para el director de la escuela y profesores y un portón común al patio, donde construyó la escuela propiamente dicha; para generar un mínimo espacio común a la entrada, retiró este bloque de ladrillo rojizo metro y medio a partir de la calle (una solución por la que décadas después se ensalzaría la genialidad de Mies van der Rohe). Lo que en principio parecía un apaño forzado por las circunstancias se reveló como un modelo idóneo de recogimiento: el ruido de la calle no perturbaba las clases y los niños podían jugar seguros en el patio durante sus recreos. A partir de esta escuela, construida en 1874/75, Blankenstein favoreció esta estructura de patio para sus diseños, con la virtud adicional de que abarataba considerablemente el precio a pagar por las parcelas.

Una de sus últimas escuelas, quizá la más elegante, es el actual Instituto Musical Carl Philipp Emmanuel Bach en la Rheinsberger Straße 3-4, con entrada también desde la Brunnenstraße (un procedimiento que explotaría asimismo el sucesor de Blankenstein Ludwig Hoffmann). Construida en 1893 como instituto de enseñanza secundaria, y por tanto para un alumnado con mayor presencia de las clases acomodadas, destaca por su especial cuidado en la decoración, pero se concibió desde el principio en torno al patio interior y se atiene a los materiales característicos de su autor: ladrillo al descubierto y terracota. Las viviendas del cuerpo directivo y docente ocupan también aquí la fachada (si bien en una calle secundaria; enfrente tenía la entrada a un complejo industrial), pero el acceso desde la Brunnenstraße (la auténtica arteria del barrio) resulta casi anónimo y el esplendor del conjunto se revela solo desde dentro. Rehabilitado en los años 2003-2008 con la participación de alumnos, padres y profesores, hoy alberga un prestigioso centro en que han estudiado decenas de músicos profesionales. También acogió mi viejo piano cuando abandoné Berlín: otro vínculo personal que me seguirá ligando a aquel entorno.

INTERVENCIONES

Como habrá quedado claro en el capítulo anterior, el desarrollo urbano de Berlín se llevó a cabo en sinergia (no necesariamente armónica) entre la iniciativa privada y los poderes públicos. En su fase de máxima expansión, durante la segunda mitad del siglo XIX, el enorme empuje de la industria acaparó sin duda un protagonismo especial, hasta el punto de que la capital prusiana llegó a parecerse más a aquellas grandes urbes en que la supervisión estatal brilló por su ausencia o cuando menos por su insuficiencia. Pero el mito según el cual Berlín habría sido «la primera ciudad nacida y construida de modo puramente capitalista» (Hans O. Modrow) resulta insostenible por parcial. El dinamismo no lo aportaron solo los agentes privados, que por lo demás tampoco se guiaron siempre por el mero afán de lucro; hubo intervenciones públicas notables, pioneras y visionarias, que a su vez fueron a veces muy benéficas pero también obedecieron con frecuencia a teorías de una gran ceguera. En una ciudad que llegó a encarnar como ninguna otra en el mundo el antagonismo entre la economía de libre mercado y la planificada, resulta muy instructivo seguir el rastro de la interacción, compleja y ambivalente, entre los distintos actores. Y no hay que perder de vista que la acción pública se desbarató a menudo en el batiburrillo competencial propio de Alemania: hasta la fundación del Reich las calles de la capital no eran propiedad municipal, sino del reino de Prusia, y solo muy tardíamente la ciudad obtuvo los recursos financieros necesarios para emprender y liderar proyectos de envergadura (como la canalización de Hobrecht, que entre 1873 y 1890 consumió un tercio de los ingresos fiscales).

Uno de los edificios más singulares de mi barrio, y uno de los más antiguos que han sobrevivido en el centro de Berlín (donde no quedan sino dos docenas anteriores al año 1850), es la Oficina Real de Empeños, como sigue rezando su título a la entrada. La Oficina se constituyó en 1834 con el fin de ofrecer una alternativa seria y transparente a las casas privadas, en un magnífico ejemplo de cómo la libre competencia puede no solo admitir, sino hasta requerir actuaciones públicas para combatir los oligopolios, cárteles y precios usureros. En 1848 inauguró su tercera sede en la Linienstraße, que se extendía a través de dos patios hasta la antigua muralla (hoy Torstraße). La elección de ese punto entonces periférico, frente a los arrabales norteños recién anexionados de la Rosenthaler Vorstadt, no era ni mucho menos casual: en vísperas de la gran revolución de ese año se aspiraba a brindar paliativos en un barrio marginal. El extenso bloque de cinco pisos en ladrillo descubierto comprendía almacenes para los objetos empeñados y viviendas para los empleados de la Oficina; siguió ejerciendo su función hasta el final de la RDA, en la práctica también como depósito de antigüedades (fuente privilegiada de divisas para un régimen crónicamente escaso de ellas). Restaurado en 1999, hoy alberga las consabidas oficinas en sus amplios *lofts* y gastronomía en la planta baja.

El positivismo de la Oficina de Empeños no era, sin embargo, la norma. A escasa distancia de allí, aunque ya extramuros, había sido erigida en 1835 la Elisabethkirche de Karl Friedrich Schinkel, el mayor arquitecto alemán de su época: por encargo real hubo de planear cuatro iglesias en los barrios periféricos llamadas a mejorar sus desoladoras condiciones de vida. Los registros parroquiales revelan que la esperanza de vida media andaba entonces por los trece años, y entre quienes superaban los quince por los 52-53; la lógica gubernativa fue que con una mayor religiosidad mejorarían también la higiene y las costumbres. Al visitante actual puede chocarle que Schinkel disfrazara una iglesia protestante de templo neoclásico, con sus seis columnas dóricas y su doble frontón. Pero es que el encargo recibido fue construir cuatro iglesias baratitas, que debían bastar para el lumpemproletariado del norte de la ciudad: en palabras del rey Federico Guillermo III, «edificios muy sencillos, sin adornos especiales y sin torres». Su capacidad, eso sí, debía ser notable: hasta 3000 plazas de asiento para la Elisabethkirche en la Invalidenstraße, la más grande y ambiciosa, y algo menos para las otras: la Nazarethkirche en Wedding, la Paulskirche en Gesundbrunnen, y la Johanniskirche en Moabit, a mi juicio la más bella gracias al pórtico italianizante y la torre que añadiría Stüler. Las soluciones de Schinkel son ingeniosas y variadas; todas constan de una única nave rectangular, pero distribuyen de forma diversa las ventanas, fachadas y columnas. La Elisabethkirche es la única que no sumó una torre en las décadas siguientes, y también la única que quedó en territorio del Este durante la partición. Destruida en gran parte en la Segunda Guerra Mundial, su reconstrucción en los años 90 renunció a la galería y a revestir las paredes; una sencilla estructura de metal sostiene la entrada y un techo acristalado, conformando así un sólido hangar de ladrillo idóneo para las actividades culturales que hoy acoge, con el reclamo de su ubicación ya céntrica y de su jardín.

Un cartel destaca también la obra social llevada a cabo en el siglo XIX desde la Elisabethkirche y los méritos que cabe atribuir a ese respecto a algunos de sus párrocos, como Otto von Gerlach o Wilhelm Boegehold (que fundó en la cercana Bernauer Straße el hospital de Lázaro, donde Carl Langenbuch llevaría a cabo la primera extirpación de vesícula del mundo), sin ocultar que la motivación de ese afán fue siempre misionaria y la labor social un medio para el fin de salvar almas. El cartel alude a cómo el segundo párroco de la iglesia, Eduard Kuntze, fustigaba incansable la «contumaz resistencia» del subproletariado urbano a abandonar su «estilo de vida pecaminoso»; en fuentes menos piadosas leemos cómo tras la revolución de 1848 este individuo trabucaire se lamentaba de que «si en mi parroquia hubiese tenido solo media docena de hombres resueltos, no se habría levantado aquí ni una barricada – ¡pero faltó esa media docena!». El cartel no menciona en cambio a Eugen Bethke, párroco desde 1929, un nazi fervoroso que copó su iglesia para los Cristianos Alemanes y, como le reconocería tras la toma del poder un gerifalte local, «siempre y en todo momento se implicó como nacionalista y sin reservas al servicio de la causa».

Por sorprendente que hoy pueda parecer, construir iglesias siguió siendo una de las formas prioritarias de intervención urbana en Berlín hasta bien entrado el siglo XX, en muchos casos con financiación pública directa o indirecta (a través de deducciones fiscales por donación). Alcanzó cierto paroxismo bajo el emperador Guillermo II, quien a los pocos días de ascender al trono en 1888 proclamó como precepto «Encárguense de que en Berlín se construyan iglesias» y fundó una asociación con tal fin. Entre ese año y el comienzo de la Primera Guerra Mundial, se construyeron en el perímetro del Gran Berlín nada menos que 112 templos nuevos, la mayoría protestantes. La Iglesia católica (superada ya la fase del *Kulturkampf*) disponía de menos recursos económicos y se topó a menudo con trabas para obtener permisos de edificación; aun así logró erigir hasta 21 templos nuevos en esos años, muchos de ellos insertos en los bloques de alquiler, en lo que vendría a ser un rasgo distintivo de la capital.

La Herz-Jesu-Kirche al otro extremo de mi calle, la Fehrbelliner Straße (a punto de desembocar ya en la Schönhauser Allee), constituye un caso señero e interesante. El plan inicial era erigirla en la vecina Teutoburger Platz, pero la beata emperatriz Augusta Victoria impuso su veto: una cosa era respetar la libertad de conciencia en Prusia, y otra, dar facilidades a la competencia. La comunidad católica se vio obligada así a ubicar su iglesia empotrada en una manzana de viviendas: fue la primera en Berlín y le seguirían muchas más, por las trabas impuestas a las confesiones minoritarias y desde luego por el alto precio del suelo y la dificultad de hacerse con espacios emblemáticos exentos. En el caso de la Herz-Jesu-Kirche, el monumental conjunto entre neorrománico y neobizantino de Christoph Hehl no pega ni con cola en el entorno; tampoco su recargado interior, con frescos que tienen bien poco de románicos, merecerá un lugar de honor en la historia del arte. Más admirable parece su labor social: la escuela y el hospicio ubicados en el patio trasero (pueden verse desde la Schönhauser y son bastante más atractivos que la iglesia) atendieron en los años de urbanización descontrolada a los inmigrantes de la Silesia que llegaban en masa a la capital, y durante los años del nazismo el hospicio se distinguió en ayudar a judíos perseguidos bajo la dirección de la doctora Margarete Sommer (en 2003 fue reconocida *Justa entre las Naciones* por el centro Yad Vashem). La Theresienschule (que en 1991 fue trasladada a Weißensee) sería después el único instituto de enseñanza secundaria católico que operó en Berlín durante los años de la RDA.

La carestía del suelo y el trazado irregular de los solares provocaron que también se acabaran construyendo lugares de culto en patios interiores, con lo que hoy no suelen ser accesibles a los visitantes. Los hay francamente hermosos en su singularidad, como la neogótica Erlöserkirche (metodista) en la Schröderstraße 5, de Carl Breuer (1904/05), que pude visitar gracias a la generosidad de una vecina, o la tan moderna como humilde St.-Adalbert-Kirche (católica) del arquitecto tirolés Clemens Holzmeister (1933), casi al lado de la Casa Real de Empeños en la Linienstraße 100-101. También está en un patio la sinagoga de la Rykestraße 53 (Johann Hoeniger, 1903/04), que sobrevivió al incendio en la noche de los cristales rotos porque el fuego amenazaba los edificios colindantes y los bomberos se vieron obligados a intervenir. Esto le permitió ser la única sinagoga en ejercicio en Berlín Este durante la RDA.

Pero, volviendo a la Elisabethkirche de Schinkel, es bien ilustrativo el contraste que encarna con el edificio situado justo enfrente: la Ackerhalle. Para finales del siglo XIX, con la densidad de población ya desatada, las autoridades municipales asumieron que la mejora de la salubridad requería algo más que templos y plegarias. Desde 1883 en adelante, el responsable de obras públicas Hermann Blankenstein impuso y dirigió la construcción de catorce mercados cubiertos a partir de un diseño propio estandarizado. La Ackerhalle, el sexto de ellos, entró en funcionamiento en 1888; como tantas escuelas de Blankestein tratadas en el capítulo anterior, se aprovechó un solar interior con doble salida a dos calles perpendiculares (en este caso la Invalidentraße y la Ackerstraße, que es la que da nombre al conjunto). Una estructura de hierro y acero sostiene una amplia nave sin columnas; las paredes son de ladrillo clínker, un aislante idóneo, y los adornos exteriores, de terracota. La posibilidad de vender y comprar el género a cubierto supuso una mejora muy real en las condiciones de vida de los barrios humildes; aunque la tarifa por puesto de venta era bastante superior a la de los mercados al aire libre, el reclamo de operar hasta seis días a la semana al resguardo de las inclemencias atmosféricas venía a compensar con creces a los tenderos. Cuatro mercados de Blankenstein sucumbirían a la competencia de los grandes almacenes ya en la década de 1920, y otros cuatro más a las bombas de la Segunda Guerra Mundial. De los seis conservados, hoy solo cuatro siguen en activo como mercado, entre ellos la Ackerhalle, donde solía hacer regularmente mis compras: aunque ocupada ahora por un supermercado de autoservicio, y no por puestos individuales, ejerce ininterrumpidamente desde hace casi siglo y medio la función para la que fue concebida.

La suerte de otros espacios de mercado con relación al eje público-privado merece un excurso: durante mis años berlineses vi cómo eran demolidos para ser sustituidos por bloques de viviendas y oficinas nada menos que tres supermercados Edeka como el que alberga la Ackerhalle en mi entorno más cercano (en la Fürstenberger Straße, junto a la Arkonaplatz; en la Templiner Straße, frente a la Teutoburger Platz; y en la Winsstraße). Los tres eran modelos seriales de planta única construidos por la RDA que, si bien fue incapaz de rehabilitar barrios enteros como el Prenzlauer Berg, al menos se esforzó por dotarlos de servicios básicos. La operación de reemplazar naves de cemento con accesos de carga y descarga y una distribución funcional por bloques de edificios de cinco pisos que mantienen el supermercado en su planta baja parece sensata en un contexto de gran demanda de vivienda en la ciudad, y la propia senadora de Desarrollo Urbano Katrin Lompscher (dirigente de Die Linke y bestia negra de los especuladores inmobiliarios) la calificó de *win-win-situation*; sin embargo, quizá quepa reflexionar sobre las estructuras de propiedad subyacentes. Al fin y al cabo, Edeka (que tampoco es un fondo buitre, sino un grupo cooperativista fundado en 1907) adquirió en 1990 los supermercados Konsum con sus terrenos hasta entonces de titularidad *pública*, y, si las austeras naves de cemento podían considerarse amortizadas casi cuatro décadas después, el valor de los solares se ha multiplicado entretanto sin que el beneficio se haya repartido en consonancia.

El celo reformista de Blankenstein no se ciñó a las escuelas y mercados: la lista de edificios que construyó en Berlín resulta abrumadora. Uno de los más significativos es el asilo municipal conocido como *Palme* y el hospital contiguo en la Fröbelstraße. En 1886, en las afueras de la ciudad (un cartel frente al conjunto muestra una ilustración de 1895 en la que, salvo por alguna fábrica, detrás solo se ve campo), ordenó erigir el mayor asilo para personas sin techo de Berlín, que también fue uno de los primeros en Europa: la apuesta lo dice todo sobre la gravedad del problema social en la que ya era la mayor urbe industrial del continente. Concebido para acoger a 1400 personas, pronto hubieron de ampliarse su capacidad y sus servicios; con sus 40 dormitorios colectivos y sus salas de desinfección, pasaba por ser un modelo de beneficiencia. Antes de la Primera Guerra Mundial, acogía a 3000 personas por noche, y en las peores fases de la República, con la hiperinflación y el paro masivo, llegaban ser a 5000. Los nazis lo vaciaron: en su ideario no había espacio para personas sin techo (quizá porque su líder había sido asiduo de ese tipo de establecimientos). En 1940, fue transformado en hospital y ha seguido ejerciendo esa función desde entonces, aunque en 2008 empezó a ser desmantelado en el marco de un plan de «racionalización». A día de hoy aún no se ha consumado el cierre; quizá las protestas y la pandemia logren evitarlo.

A estas alturas ya habrá quedado claro que el mito de un crecimiento «puramente capitalista» de Berlín es indefendible. Es más, la intervención pública en la ciudad no se limitó a aportar paliativos a los problemas generados por la industrialización y por su crecimiento desaforado; desde el último cuarto del siglo XIX, pasó a tomar la iniciativa en ámbitos centrales, propulsando a la provinciana capital del Reich hasta la vanguardia de las metrópolis mundiales. La canalización de Hobrecht constituye un ejemplo señero, y no solo por el enorme monto de la inversión y porque sigue operativa hasta hoy (cada vez más desbordada: la proliferación de asfalto y cemento impide que el suelo absorba el agua de los intensos chubascos que nos depara el cambio climático), sino sobre todo porque su trazado se revelaría como un fundamento estable: aunque tras la guerra hubo muchos (encabezados por Hans Scharoun, primer responsable de urbanismo en los años 1945/46) que abogaron por derribar incluso manzanas intactas para reconstruir la ciudad según un diseño más «racional» (rebajando su densidad y aumentando los carriles para coches, como se haría en gran parte de las ciudades alemanas), la existencia de una red de canalización intacta preservó en buena medida la estructura decimonónica. Invisible para el ciudadano como para el turista, el alcantarillado es propiamente el fundamento de Berlín: su diseño es el que está a la base del trazado radial de sus calles.

Pese a toda su pujanza económica y tecnológica, en lo político el reino de Prusia fue hasta 1918 un Estado semifeudal que elegía su parlamento por sufragio censitario, y en el que la práctica totalidad de los cargos públicos eran propietarios inmobiliarios. No puede sorprender, así, que las autoridades se mostraran bastante más reticentes a la hora de regular las dotaciones mínimas de los edificios; ya hemos visto que solo en 1925 se prohibió habilitar viviendas en los sótanos, y en ese año solo un tercio de los pisos de la ciudad contaba con retrete propio. Pero lo cierto es que la Policía (que ejercía también las competencias sanitarias) intervenía en casos muy sangrantes. Un documento de 1887 puede ilustrar el nivel del debate en aquellos años de capitalismo manchesteriano; es la reclamación de un casero de Prenzlauer Berg, médico de profesión, ante la exigencia de que incorporara dos retretes más en un bloque trasero de su propiedad:

> Es cierto que a los inquilinos les corresponde un retrete por cada 10 viviendas. Pero esas viviendas constan de una única habitación y cocina con ventana. Obviamente, están ocupadas por una única familia, es decir, por dos adultos y sus eventuales hijos. A ello se suma que todos los varones trabajan fuera de casa, por lo tanto no están en casa entre las 5-5½ de la mañana y las 6½-7 de la tarde. Ciertamente, es muy raro que estos utilicen el retrete de la casa, ya que la deposición suele tener lugar durante el día.
>
> Lo mismo ocurre con los niños en edad escolar, que satisfacen sus necesidades en la escuela. Como los niños pequeños suelen utilizar un orinal para ese fin, quedarían solo las mujeres, de las que como media solo hay una por vivienda. Así pues, saldría a 10 u 11 personas por retrete. Y aun asumiendo que el doble de personas, 20, utilicen un retrete, no tendrían por qué derivarse mayores inconvenientes. Y es que una tal sesión requiere por término medio, incluyendo el acomodo de la ropa, que en las mujeres no tendría por qué ser necesario, 3-4 o quizá 5 minutos; aun calculando incluso 10 minutos por

cada sesión, 12 horas diarias bastarían para atender el uso del retrete por parte de 72 personas...

Como queda demostrado, basta con un retrete para las personas presentes, por lo que se solicita que, una vez dado por entendido, se conmine a la Real Dirección Policial a revocar la orden, y se le imputen asimismo los costes del proceso.

En honor a las autoridades berlinesas, hay que decir que la reclamación del Dr. Stryck no fue atendida, y se le obligó a habilitar dos retretes más en la escalera. Muchos de esos retretes colectivos seguían funcionando en el Prenzlauer Berg ya bien entrado el siglo XXI: en 1981 aún eran 16 000 solo en ese barrio y, hasta la rehabilitación integral del edificio en 2011, mi piso en el ala lateral de la Fehrbelliner Straße fue el único de la escalera con cuarto de baño propio. En vista de esos déficits escandalosos en la dotación de las viviendas de alquiler, no puede sorprender que una de las huellas más entrañables de la acción gubernativa en Berlín sigan siendo hoy los baños públicos. Si en mis años muniqueses residí cerca del Müllersche Volksbad, que donó al municipio un ingeniero acaudalado (al inaugurarse en 1901 albergaba la mayor piscina cubierta del mundo), los baños populares que hoy siguen operativos en Berlín se construyeron todos con fondos públicos y, pese a estar destinados a las clases menos pudientes, suelen destacar por su suntuosidad. El de la Gartenstraße en Mitte, que es en el que yo nadaba, se inauguró en 1930 en un estilo ya alejado de la pompa: la nave acristalada de la piscina de Heinrich Tessenow impone con su elegancia diáfana e higiénica. Sobrevivió a la Segunda Guerra Mundial y hoy puede disfrutarse casi sin alteraciones, aunque bastante masificada.

No menos airoso en su estilo neorrenacentista es el Stadtbad Oderberger Straße, inaugurado en 1902 en la que entonces era una de las calles más anchas del Prenzlauer Berg porque en su extremo occidental quedaba una estación de mercancías a la que daba salida (en ese mismo punto haría luego esquina el Muro; desde allí se extiende ahora el concurrido Mauerpark, y aún puede seguirse el trazado de las vías). Siguió funcionando ininterrumpidamente hasta el año 1986, cuando un desafortunado intento de modernizar su sistema de calefacción generó grietas en suelo y en la bóveda, y hubo de cerrarse por motivos de seguridad. Desde ese momento sirvió para acoger eventos y conciertos; hay por ejemplo una grabación alucinante de la fiesta en su piscina que organizó el cercano Instituto de la Moda de la RDA, foco bohemio de un país en fase terminal (se reconoce en seguida a los grandes fotógrafos de aquel submundo Robert Paris y Sven Marquardt, el uno disfrazado de Principito y el otro aún sin los tatuajes que exhibiría luego como el portero de discoteca más famoso del mundo). Después de años en que se sucedieron y descartaron varios proyectos, el edificio fue vendido a la academia de idiomas GLS, que con generoso apoyo público acometió una cuidadosa rehabilitación y ahora gestiona la piscina como parte del espacio hotelero y docente de su extenso campus. Me consta que hasta los actores más alternativos del barrio hablan bien de la labor desarrollada por esta academia, que en los años de dejadez atrajo alumnos jóvenes de todo el mundo y podría ser un modelo de gentrificación sostenible (si es que el concepto no es un oxímoron). La Oderberger Straße, que hasta hace poco bien pudo ser la calle más agradable de Berlín pese a las recurrentes sirenas de su central de bomberos (la más antigua en ejercicio de toda Alemania), está hoy abarrotada de turistas y su oferta comercial y gastronómica se ha vuelto inquietantemente estandarizada, pero al menos preserva ese monumento a su pasado proletario que es el Stadtbad de un modo que no han logrado otras ciudades. Un estudio más profundo de su transformación brindaría lecciones y preguntas sobre cómo conciliar lo abigarrado y lo viable, o la pluralidad sin desaliño.

Las autoridades berlinesas se mostraron dinámicas y audaces cuando se trató de paliar las graves carencias sanitarias de la ciudad (que amenazaban a cualquier habitante sin distinción de clase), pero no tanto a la hora de ampliar la oferta cultural a las capas populares. En concreto, y frente a lo que cabría pensar, la fundación de bibliotecas para el lector corriente fue bastante tardía en Prusia. En buena parte se debió a la iniciativa del historiador y político liberal Friedrich von Raumer (1781-1873), que quiso importar las formas embrionarias de Public Libraries que había podido admirar durante un viaje por Estados Unidos en 1841. Pero, aunque su tesón logró ir implicando a las autoridades en la habilitación de bibliotecas generalistas, su potencial democrático nunca terminó de entusiasmar a la retrógrada monarquía prusiana, y su desarrollo fue muy modesto en el autoproclamado país «de los poetas y pensadores». No puede compararse, desde luego, a la imponente red que impulsó en medio mundo el magnate del acero y el ferrocarril Andrew Carnegie (uno de esos emprendedores capitalistas que completan el ciclo entre bucanero y filántropo), fundador de nada menos que 2509 bibliotecas públicas que las localidades agraciadas debían comprometerse a mantener. Aunque la idea de «palacios para el pueblo» se asocia en

Berlín irremediablemente a la consigna estalinista en la fase inicial de la RDA, la expresión original era de Carnegie y se refería expresamente a las bibliotecas. Pero en la capital alemana fueron más palaciegos los baños públicos que las bibliotecas, cuya amplia red ocupa hoy edificios sin voluntad de pompa. Seguramente también quiso corregirse esa laguna con la construcción del centro Grimm, inaugurado en 2009 como nueva biblioteca central de la Universidad Humboldt y desde entonces la colección de acceso público más grande de Alemania. El edificio ha recibido numerosos premios de arquitectura por su vistosa sala de lectura, pero el conjunto de la estructura es un laberinto incómodo e inhóspito (no solo para el usuario, como me confirmó una y otra vez el personal). Muy revelador es el problema de las taquillas: el arquitecto suizo Max Dudler diseñó un número muy insuficiente que hubo que ampliar en un sótano de acceso angosto, y aun así en las horas punta se forman colas de usuarios que esperan a que se libere una para poder dejar en ella chaquetas, mochilas o carteras (con las que no está permitido acceder a las salas). El mayor «palacio para el pueblo» de Alemania luce así muy bien en las revistas de arquitectura, pero condena a la ciudadanía a condiciones de uso directamente tercermundistas.

El número de bibliotecas públicas en Berlín ha crecido mucho desde las cuatro que Raumer y Humboldt lograron arrancarle al ministerio en 1849. Ninguna de las sedes históricas ha perdurado hasta hoy; la única que sigue ejerciendo su función desde 1928 y sobrevivió razonablemente indemne a los estragos de la Segunda Guerra Mundial es la central del distrito de Mitte en la Brunnenstraße 181, la más próxima a mi casa y a la que acudí casi a diario durante mis años berlineses. Se habilitó en un edificio industrial de reciente construcción y en ella trabajaron entre otros su actual patrón, el sinólogo y resistente Philipp Schaeffer (ejecutado por los nazis) o el escritor Günter de Bruyn. El conjunto fue rehabilitado y reducido tras la reunificación, y el temor a que los usuarios se vieran disuadidos por la entrada en el patio trasero (aunque se amplió la entrada con un segundo hueco para peatones) se reveló infundado, demostrando una vez más la gran funcionalidad de esta solución arquitectónica tan característica de la ciudad. Además de una colección de casi 120 000 libros, CD, DVD y otros soportes, el centro brinda todo tipo de servicios a usuarios diversos: allí pueden leer el periódico jubilados, conectarse a internet personas sin hogar, imprimir y escanear documentos quienes no consideramos necesario poseer una impresora, y por supuesto consultar y prestar libros gente con los intereses más dispares. Aunque en el curso de los años asistí a drásticos expurgos y a un catálogo de novedades cada vez más banal y orientado a aumentar las cifras de préstamo (bajo la presión de jóvenes gestores con un MBA que ignoran lo que supone y aporta la *bibliodiversidad* y traicionan su mandato público), pude beneficiarme en ese tiempo (y muy particularmente en pandemia) de su generosa oferta y su amplio fondo, incluyendo buena parte de la bibliografía sobre Berlín que sustenta este ensayo.

Una constatación que se repite mucho, y que sigue sorprendiendo a los visitantes desprevenidos, es que Berlín tiene más puentes que Venecia. Como todas las capitales europeas relevantes (Madrid, a 600 metros de altitud, es la gran anomalía), Berlín es un notable puerto fluvial. Antes de la era del ferrocarril, cuando el transporte en barco era la modalidad más rentable para largas distancias, solían serlo las ciudades que contaban (o al menos suponían etapas claves de una ruta terrestre), y Berlín no fue una excepción: a través del Spree (que lo cruza), del Havel (que pasa cerca), y de una temprana red de canales que aprovechan sus hasta cincuenta lagos, la capital prusiana estuvo conectada pronto con el Óder (y el Báltico) y más adelante con el Elba (y el puerto intercontinental de Hamburgo), y de ese modo con las zonas industriales de Silesia y la cuenca del Ruhr. Es lo que le garantizó el suministro de carbón y hierro que alimentó su industria, y el de piedra, ladrillo y madera que alimentó su *boom* inmobiliario.

La invención de las esclusas en el siglo XVI permitió acometer enlaces inviables hasta entonces. El primer canal alemán (sigue en activo) conectó desde 1620 el Havel y el Óder, aunque quedó fuera de servicio con la guerra de los Treinta Años. Federico el Grande lo hizo relanzar nada más emprender la anexión de Silesia que culminó en 1763 y facilitó así un primer auge de la siderurgia en el valle del Finow. La industrialización disparó el tráfico fluvial; canales nuevos se quedaban pequeños a las pocas décadas y se emprendían pronto enlaces aún más ambiciosos, ampliaciones y dragados. En la propia Berlín se inauguraron en rápida sucesión el Landwehrkanal (1850), el Luisenstädtischer Kanal (1852), el Spandauer Schiffahrtskanal (1859), y en vísperas de la Primera Guerra Mundial el Hohenzollernkanal (1914). La esclusa más antigua y céntrica de la ciudad es la Mühlendammschleuse, justo al este de la Fischerinsel: se remonta a 1578, y merece la pena acercarse (aunque la zona es de lo más desangelada) para admirar las vistas del río, la obra de ingeniería, y hacerse una idea de lo que supuso todo aquello para el desarrollo de la ciudad. El desnivel que se salva en ese punto es solo de metro y medio, pero ya en 1894 la municipalidad demolió todos los molinos, almacenes e inmuebles adyacentes para ensanchar y dragar el Spree. Desde 1936 se llevó a cabo la última ampliación para permitir el paso de barcos de hasta 1000 toneladas; a la hora de ahondar el cauce hubo que respetar el túnel del metro que cruza el río. Las obras finalizaron en plena guerra y en la batalla final por Berlín se volaron los puentes provisionales que se habían erigido; el actual de cemento, con su anchura de 42,5 metros, lo inauguró la RDA en 1968.

Hoy solo entre el 10 y 15 % del transporte de mercancías en Berlín se realiza por vía fluvial, y la mayor parte de las embarcaciones son de pasajeros y recreo (pocos datos ilustran mejor la metamorfosis de la ciudad: de metrópoli industrial a destino turístico). Las equipaciones portuarias en el río y los canales van desmantelándose para dar paso a zonas verdes (en el mejor de los casos) o pisos de lujo y oficinas (en el más habitual), si bien aún resulta imponente lo que queda del Westhafen, el mayor puerto berlinés (junto al que se pasaba hasta hace poco para llegar al viejo aeropuerto de Tegel).

En cualquier caso, fue esa temprana y ambiciosa red de transporte la que hizo posible la eclosión industrial de la ciudad. El suministro de carbón lo garantizaban las provincias prusianas de Silesia y la cuenca del Ruhr; capítulo propio merece la historia del hierro, que se quiso elevar a símbolo del reino. Aunque la Marca de Brandemburgo es un arenal, tradicionalmente había brindado hierro de turbera, y la monarquía prusiana se aplicó muy pronto a explotar su potencial militar y a independizarse de las herrerías suecas para fabricar balas y cañones. En otra muestra de intervención pública fecunda, en 1796 se constituyó la Real Fundición de Hierro Prusiana, que en 1804 inauguró una segunda planta en Berlín junto al río Panke, en la actual Invalidenstraße. Hoy el terreno lo ocupa, significativamente, el Ministerio de Transporte, muy cerca de Hauptbahnhof; una placa en la verja exterior recuerda la historia previa del lugar para el peatón que se anime a recorrer ese tramo árido pero rico en historias. Las guerras napoleónicas iban a explotar el hierro para la *nation building* prusiana con campañas muy sagaces: la colecta de joyas de oro a cambio de sobrios recambios de hierro que encarnarían la austeridad patria, la institución de la cruz de hierro como primera condecoración igualitaria, y el monumento de Schinkel en Kreuzberg, que sigue coronando un parque muy popular en el barrio multicultural por antonomasia y en su momento brindó un formidable impulso a la Real Fundición. Para cuando llega el auge del ferrocarril, Berlín tiene avanzada ya la capacidad industrial necesaria para fabricarlo.

Hoy resulta difícil hacerse una idea de hasta qué punto marcó el paisaje urbano. Desde que se puso en marcha la Real Fundición, la zona al noreste de la Oranienburger Tor se fue llenando de chimeneas de la emergente metalurgia, hasta el punto de que el habla popular la bautizó pronto como «Tierra de Fuego». Pocas empresas llegaron a ser tan decisivas como la fábrica fundada en 1837 por August Borsig en la Chausseestraße (solo se conserva la sede central de la empresa construida en 1899 en el número 13 de la calle, justo enfrente de la Brecht-Haus, aunque por desgracia no pude visitar su patio). La primera locomotora de Borsig inauguró en 1841 el trayecto Berlín-Köthen desde la Anhalter Bahnhof. Para 1854, llevaba producidas ya 500 en régimen de cuasimonopolio (67 de las 68 nuevas locomotoras prusianas en ese año) y en 1858 alcanzó las 1000, que conectaron la ciudad y los territorios alemanes a un ritmo sin precedentes. Berlín llegó a tener una docena de estaciones término, que entretanto operan como nexos de la red de cercanías. Justamente ahí residió otra de las grandes apuestas estatales: la construcción de la línea férrea circular de la ciudad, la Ringbahn, en palabras de Jens Bisky «uno de los contados casos de planificación prospectiva».

Aunque las primeras líneas ferroviarias alemanas fueron sociedades privadas, el reino de Prusia pronto reconoció el potencial del nuevo medio de transporte e intervino reservándose una participación, comprándolas (a partir de 1850), anexionándoselas (tras la guerra contra Austria), o nacionalizando directamente en la década de 1880 el grueso de ellas e integrándolas en un gran conglomerado estatal (el proceso culminó en 1920 al fundarse la Deutsche Reichsbahn). El esfuerzo centralizador conllevó afrontar el reto de conectar las estaciones término dispersas. No era un concepto novedoso: en su original debut novelístico *Babel* (2019), la arqueóloga Kenah Cusanit apuntaba los paralelos con el sistema de distribución de llegadas de las murallas de Babilonia, diseñadas para que pudieran circular carros por ellas. La lógica era tanto económica como militar, y es muy revelador que la Ringbahn se acometiera en los años de la fundación del Reich, una vez que las guerras de 1866 y 1870 hubieron demostrado de modo contundente la relevancia de la logística, el Estado Mayor pasó a basar sus planes de campaña en la capacidad de desplazar las tropas, y la exorbitante indemnización que se le impuso a Francia permitió financiar proyectos de esa envergadura. Para 1877 ya se había completado la Ringbahn, cruzada por una línea transversal desde Frankfurter Bahnhof hasta Charlottenburg: 11,2 kilómetros de tren elevado, de los que ocho discurrían y siguen discurriendo hoy sobre viaductos amurallados con 731 arcos. Es una solución que aminora las barreras y genera espacios tan aprovechables como los de las populares estaciones de Hackescher Markt y Savignyplatz (donde resisten la memorable librería de arte Bücherbogen y desde 2011 también la Autorenbuchhandlung, una iniciativa de autogestión de los 70). La ausencia de una estación central potenció esa pluralidad de barrios y núcleos autónomos aunque coordinados que supone hasta hoy uno de los rasgos más atípicos y atractivos de Berlín.

Las locomotoras de vapor impulsaron la expansión del ferrocarril, pero aún más distintiva de Berlín fue su temprana aplicación de la electricidad. Esa revolución vino a sustituir bastante rápido a otra que había requerido inversiones cuantiosas. Las primeras farolas de gas se instalaron en Unter den Linden en 1826; les iban a seguir los inmensos gasómetros que marcaron el paisaje urbano: en el Holzmarkt de Mitte, en el Wedding, en Prenzlauer Berg (su voladura en los años 80 generó protestas ciudadanas que la Stasi quiso atajar de raíz, aunque no logró impedir que se fotografiara), en la Fichtestraße de Kreuzberg (el único conservado de ladrillo), o en la Rote Insel de Schöneberg (también se ha conservado su imponente estructura metálica, que ahora se prevé rellenar con un monstruo de oficinas de 71 metros de altura). Es significativo que el reemplazo de este combustible comenzara asimismo por la iluminación (en una ciudad bastante oscura en invierno). En 1883, Emil Rathenau funda la Compañía Edison Alemana de Electricidad Aplicada, que pronto cambiará su nombre a Compañía General de Electricidad (AEG, por sus siglas en alemán). Como en el caso de tantos gurús tecnológicos de nuestra era, la genialidad de Rathenau no consistió en inventar algo nuevo, sino en saber reconocer el potencial de inventos ajenos: fascinado por la bombilla de Edison, compró los derechos de explotación para Alemania de sus patentes y se lanzó a electrificar Berlín. Durante años, la élite industrial iba a mirar por encima del hombro a aquel ingeniero judío que arriesgaba invirtiendo en algo tan incierto y extravagante; hoy se le considera el primer empresario moderno. En 1884, Rathenau funda la primera empresa europea dedicada al suministro público de electricidad, que pasará a gestionar su AEG (será municipalizada en la Primera Guerra Mundial y, aunque incorporó de nuevo capital privado con la gran crisis de 1931, solo se privatizó del todo en 2009). Ya en 1888 se emprende la primera prueba de iluminación eléctrica en Potsdamer Platz y Leipziger Straße: 36 lámparas de arco alimentadas por dinamos. Pero la primera calle electrificada será la Wilhelmstraße, por entonces sede de los órganos de gobierno y embajadas. El precio era prohibitivo: el kilovatio hora costaba 80 centavos, cuando un operario de la propia empresa eléctrica ganaba unos 25 a la hora. En 1910 tan solo el 3,5 % de los hogares recibían corriente eléctrica, y casi exclusivamente para iluminación. Su uso comienza a extenderse tras la Primera Guerra Mundial; en 1925 son ya la cuarta parte, a finales de la década la mitad. Hacen su entrada también los electrodomésticos: primero la plancha, el más barato; los demás se generalizarían solo con el llamado milagro económico tras la Segunda Guerra Mundial (nevera, cocina, lavadora). No pocos de ellos, en los hogares de todo el mundo, siguen llevando la firma de la AEG.

Las huellas de esta revolución siguen siendo muy visibles en el paisaje urbano, ya que la nueva fuente de energía no solo se distribuyó por y desde la ciudad, sino que se producía directamente en ella. Merece la pena un recorrido por las sucesivas fábricas y centrales de la AEG: algunas de ellas fueron hitos arquitectónicos. La primera, en la que se produjeron las primeras bombillas de Alemania, está en los hoy llamados Edison-Höfe, muy céntricos y de acceso abierto entre la Invalidenstraße y la Schlegelstraße. Se puede discutir sobre los nuevos edificios de oficinas que completan el conjunto, pero de los antiguos se han restaurado la características fachadas de clínker y los patios brindan un ejemplo logrado de usos mixtos: gastronomía que abastece no solo a los empleados de la zona, dependencias universitarias y hasta un club de *jazz*. Cerca del extremo más occidental de la Ackerstraße se erigió en 1888 la llamada Fábrica de aparatos, que con las sucesivas expansiones se centró en los contadores. La fachada de Franz Schwechten es muy vistosa y conforma un bloque integrado de la manzana entera, mientras que en el interior se fueron incorporando y modificando pabellones según las necesidades. Hoy es monumento protegido y alberga dependencias de la Universidad Técnica y un colegio, con lo que aporta cierta vida intergeneracional a una zona con pocos espacios comunes. Pero el conjunto más imponente se despliega un poco más arriba, entre la Brunnenstraße y la Hussitenstraße, y creció desde el interior de la parcela: en sus inicios las fachadas a la calle albergaban aún viviendas, y fue la imparable expansión de las fábricas del patio la que terminó creando en toda la manzana una ciudad en miniatura, uno de los grandes complejos industriales de Berlín. La parte este fue derribada en los años 80, antes de declarar el resto monumento protegido, y aún puede accederse a los patios (si bien no está permitido fotografiar). Aunque quizá lo más impresionante sea lo que discurre por debajo: el túnel de 270 metros que desde 1897 une el recinto con el de la Ackerstraße, y que jugaría un papel decisivo en el desarrollo del metro. En los dos polos del perímetro puede verse el constraste entre dos eras de arquitectura industrial: por un lado la típica del cambio de siglo, que por dotarse de solemnidad no temió al pastiche historicista, en el portón de Schwechten que se conserva en la Brunnenstraße; por otro la sobriedad de las inmensas naves y la fachada a la Voltastraße del arquitecto de la AEG desde 1907 y primer Corporate Designer, Peter Behrens. Sus logos y su famosa fábrica de turbinas en la Huttenstraße 12-19 en Moabit le dieron la fama, pero el referente fijo de mis paseos durante la fase más dura de la pandemia fue su gran dependencia del Wedding, apenas inmediatamente posterior.

Los complejos de la AEG no son ni mucho menos las únicas huellas vigentes del proceso de electrificación de la ciudad (recuerdo bien mi asombro al toparme por vez primera con la central transformadora de la Sonnenburger Straße, inaugurada en 1926), pero jugaron un papel clave en el desarrollo de nuevas formas de transporte. Durante casi todo el siglo XIX, y como nos recuerda la literatura, el principal medio de desplazamiento interurbano siguió siendo el carruaje tirado por caballos. Los ricos podían mantenerse uno propio a su disposición, pero también los había colectivos y con recorrido fijo, con lo que asumían una función intermedia entre el taxi y el autobús actuales. Consolidado el uso del ferrocarril, debió de parecer bastante natural habilitar carriles para facilitar esos recorridos fijos. En Berlín operaba ya un tranvía tirado por caballos desde 1865 (entre la Puerta de Brandemburgo y Charlottenburg); en julio de 1873 se inauguró la línea que conectaba la Rosenthaler Platz con la Badstraße por la Brunnenstraße, y las vías férreas interurbanas liberadas con la construcción de la línea circular se aprovecharon en muchos casos para tranvías. La gran innovación que iba a liderar la AEG (que construyó sus sedes justo en el recorrido de esta última línea) consistió en electrificar su tracción. Es fácil imaginarse lo que supuso esa primera relegación de los caballos del espacio urbano en la era previa al automóvil a motor (durante décadas las principales arterias de las ciudades apestaban a boñigas, pese al celo con que las recogían los niños proletarios para venderlas después como abono); sobre todo consolidó una modalidad de transporte colectivo sostenible y ayudó a paliar un problema que no ha perdido un ápice de actualidad: garantizar que las clases trabajadoras puedan acudir a sus empleos sin agotarse en el trayecto. En 1891 la AEG habilitó la primera red de tranvía íntegramente eléctrica de toda Europa en Halle, y para 1895 había electrificado ya la de Berlín, que hoy es la tercera mayor del mundo.

No acabaron ahí las innovaciones. Desde 1890, la AEG y Siemens rivalizaron en propuestas de ampliación de la red de transportes: la primera favorecía la construcción de túneles; la segunda, los trenes elevados. El consistorio se opuso al principio al primer modelo por temor a sus efectos en la red de canalización (la joya de la corona de la obra pública en la ciudad), y al segundo por su fuerte impacto estético. Pero fue cambiando de criterio, y en alternancia y sucesión, entre sinergias y competencias, fue asumiendo la financiación y al final la gestión de un entramado de raíles que vertebra hoy la ciudad. También por debajo. En 1899 la Sociedad para Construir Túneles Subterráneos (en que participaban la AEG y el Deutsche Bank, entre otros) inauguró el primer túnel bajo el Spree, uniendo la península de Stralau y el Treptower Park. Los responsables fueron los ingenieros Carl Schnebel y Wilhelm Lauter, que habían construido el túnel subterráneo entre los dos complejos de la AEG y aprovechado su considerable desnivel y sus curvas para hacer todo tipo de probaturas. El túnel del Spree (el primero en Alemania excavado mediante escudo tunelador) sirvió a una línea de tranvía, pero se considera el precursor del metro, aunque su carácter pionero le pasó factura: ya en 1932 se detectaron grietas y se estimó que no compensaba asumir los costes de reparación, por lo que fue cerrado al tráfico. Se abrió como atracción para peatones durante la Olimpíada de 1936 y durante la Segunda Guerra Mundial fue refugio antiaéreo; en 1948 fue inundado.

Siemens, a su vez, siempre favoreció los trenes elevados. Desde 1896 acometió la línea entre la que entonces era la estación de Silesia (hoy Warschauer Brücke) y el Kurfürstendamm, la actual U1, que discurre esencialmente por un

carril elevado (sería electrificada en 1901, como primera línea interurbana). En 1900, una vez convencido de que no dañaría la canalización, el ayuntamiento encargó un ramal subterráneo adicional hasta la Potsdamer Platz que fue el primer tramo de metro, inaugurado en 1902. Aunque Siemens abogó también por la modalidad de tren colgante (como el que habilitó en 1901 en Wuppertal, donde sigue funcionando hasta hoy), la municipalidad se negó a aceptar esa solución tan agresiva en arterias centrales como la Friedrichstraße. Para disipar los grandes recelos estéticos se contrató al ingeniero sueco Alfred Grenander (1863-1931), que hasta su muerte se iba a convertir en el arquitecto más determinante de la red. En mi parada de metro, en el arranque de la Brunnenstraße junto a Rosenthaler Platz, se llegó a instalar en 1908 un tramo de prueba (42 metros) de tren colgante, pero los ambiciosos diseños en la estructura de hierro de Grenander, Kaiser y Möhring no convencieron a los caseros de la zona, cuyas protestas malograron el proyecto. En un giro drástico, las autoridades prefirieron encargarle a la AEG la construcción de una línea subterránea en ese tramo, la actual U8. La Primera Guerra Mundial interrumpió los trabajos con apenas algunas partes finalizadas (incluido el túnel bajo el Spree) y las estaciones de Bernauer Straße y Voltastraße, para las que Peter Behrens diseñó columnas redondas de granito. Pero la guerra dejó tocada a la AEG; en 1923 se liquidó su filial responsable y la ciudad de Berlín se quedó con lo construido a fin de prolongarlo por su cuenta. Los trabajos se reanudaron en 1927 e incluyeron también la espectacular estación de Hermannplatz, la primera en que se cruzaban dos líneas (la U8 y la U7), escaleras mecánicas, y el diseño de Grenander que se aplicó a toda la ruta: colores distintivos de las baldosas para hacer reconocible cada parada. La mía de Rosenthaler Platz es una de las más llamativas, con sus azulejos naranja butano (son los originales: casi un siglo en uso, todo un logro para nuestros tiempos de obsolescencia programada).

El vertiginoso despliegue de esta red de transporte interurbano se llevó a cabo en la característica interacción berlinesa entre actores e intereses divergentes. Los grandes almacenes Wertheim pagaron una jugosa cantidad por desviar la línea U8 y añadir una parada en Moritzplatz, donde tenían otra sede además de la de Hermannplatz (lo mismo que mi estación de Rosenthaler Platz contaba ya con los grandes almacenes Jandorf). La competencia entre Siemens y la AEG deparó diferentes anchos de vía y de vehículos en las distintas líneas, y a veces grandes distancias entre estaciones en los puntos de enlace. Y en la década de 1920 muchas líneas de trasporte siguieron siendo privadas, con lo que cada trasbordo exigía comprar nuevo billete. Solo en 1927 se estableció una tasa fija por trayecto (20 centavos los adultos, 10 los niños), y en 1929, a iniciativa del concejal de Transportes y futuro alcalde en la posguerra Ernst Reuter, todas las sociedades privadas, públicas y semipúblicas fueron subsumidas en un nuevo ente público marco que sigue operando hasta hoy, la Sociedad de Transportes de Berlín o BVG. Únicamente el tren de cercanías (el S-Bahn) quedó en manos de la Deutsche Bahn, cuya fallida y calamitosa semiprivatización desde 2006 (que nunca se consumó; hoy es una sociedad anónima con el 100 % de las acciones propiedad del gobierno federal) siguen pagando los usuarios y todos los municipios en que se cerraron líneas y estaciones en busca de rentabilidad.

La Alemania nazi desató una guerra mundial en términos apocalípticos y como guerra de exterminio contra los pueblos eslavos (y el judío), pero su estrepitosa derrota la acabaron pagando también sus propias ciudades. Berlín, en particular, no se recuperó de la hecatombe: a día de hoy sigue sin alcanzar los 4,3 millones de habitantes que tuvo en 1939, y los daños a su infraestructura fueron devastadores. Aproximadamente el 60 % de sus puentes fueron destruidos, muchos de ellos por las tropas propias en su defensa suicida de la capital; un tercio de los túneles quedó inundado. Tanto más admirable fue la reconstrucción, que empezó por priorizar las redes de transporte: apenas ocho meses después de finalizar la guerra volvían a operar el 90 % de sus líneas de tren y tranvía. En su zona de ocupación, eso sí, los soviéticos confiscaron maquinaria e instalaciones a mansalva; fábricas enteras fueron desmontadas y transportadas a la URSS, así como 125 vagones de perfil grande que pasaron a prestar sus servicios en Moscú. Las carencias ocasionadas por los pagos de reparaciones lastrarían hasta el final el desarrollo de la red de transportes en la parte oriental de la ciudad; la RDA no alcanzó a construir ninguna línea nueva. Lo que sí conservó fue la red de tranvías, que en Berlín Oeste se llegó a considerar una forma anacrónica de transporte y un estorbo al coche; en 1967 se cerró la última línea, y solo muy recientemente se viene recuperando como medio más social y sostenible (con la oposición del ultraliberal FDP, que en mis últimas elecciones en la ciudad presentó un cartel abracadabrante con la foto de un tranvía varado en un atasco y la leyenda: «Ralentizador del tráfico»).

La adaptación de la red de transporte a las nuevas necesidades (tras décadas de favorecer sin el más mínimo pudor el automóvil privado) genera retos urbanos que cada ciudad resuelve a su modo y con mayor o menor fortuna. En Berlín, la focalización de la red ferroviaria en una nueva estación central tras la reunificación supuso una apuesta de envergadura que venía a corregir el legado policéntrico de la ciudad; la antigua Lehrter Bahnhof, que había languidecido en un erial próximo al Muro, se prestaba a ejercer de nuevo centro por su emplazamiento. Pero no se planearon otras infraestructuras públicas que brindasen puntos de atracción y encuentro (una biblioteca, por ejemplo, habría sido una gran idea), y hoy el entorno de la Hauptbahnhof, dejado al arbitrio de la inversión privada, es un penoso ejemplo de urbanismo zombi. Durante los años de estancamiento económico de la capital, para empezar, nadie quiso construir allí, y se llegó a montar un chiringuito que aprovechaba el arenal como playa (a fin de cuentas, los turistas llegaban en gran medida en tren). Casi peor ha resultado el *boom* inmobiliario, que ha llenado la zona de hoteles y edificios de oficinas incapaces de generar vida propia.

Más cerca de mi casa tuve la ocasión de vivir dos soluciones antagónicas al reto que plantea el desmantelamiento de las estaciones término. La actual Nordbahnhof, la antigua Stettiner Bahnhof (al adjudicarse esta ciudad a Polonia tras la guerra se juzgó oportuno cambiarle el nombre, y la antigua Nordbahnhof pasó a llamarse Eberswalder Straße), quedó justo en un vértice del Muro, con lo que durante la partición fue la última parada antes de varias estaciones fantasma bajo el Wedding. La reurbanización actual de todo el tramo hasta la Chausseestraße es un desastre, copado por miles de oficinas y alguna vivienda de lujo y donde hasta la antigua estación de cercanías es hoy una Event Location; por las tardes y los días festivos la zona queda enteramente muerta. Puede que parezca una buena idea atraer actividad económica al centro de la ciudad con grandes oficinas y sedes de empresa. Pero el potencial de impulso se malogra si los edificios no invitan a los empleados a pasar su tiempo libre por la zona y los prohibitivos alquileres de los bloques solo dejan hueco a las consabidas franquicias para sándwiches y café: el barrio genera tanto arraigo como un polígono industrial. La RDA aportó sus bloques de servicios en el cruce entre la Invalidenstraße y la Chausseestraße: la sede de la Cámara de Industria y Comercio quizá sea la muestra más señera de arquitectura estalinista al margen de la actual Karl-Marx-Allee, y tiene la deferencia de incorporar arcadas en un punto de mucho tráfico; enfrente, la delegación de la Universidad Humboldt abjura de toda pompa con la taciturna parquedad del Plattenbau. Nada de ello alcanza la fealdad aséptica y el desdén por la calle de las recientes sedes de Vattenfall o Deutsche Bahn, y aún menos disculpa tiene la del Servicio de Inteligencia, erigida donde antes estuvo el Estadio de la Juventud. Dada la naturaleza del encargo, el resultado solo podía ser un mastodonte estéril enteramente vallado en su perímetro, el edificio más grande de Berlín tras el aeropuerto de Tempelhof. Aunque en principio siempre hay que saludar que las oficinas públicas operen en el centro, los funcionarios menos indicados para insuflarle vida y mezcla social a un barrio son sin duda los espías.

Una solución inversa se generó por sí sola más al norte, en el vial clausurado de la línea de mercancías que desembocaba en la Oderberger Straße. Truncada durante casi tres décadas por el Muro y su brutal zona de nadie, pero también dotada de unas amplias instalaciones deportivas justo al lado y manzanas con planta baja capaces de albergar gastronomía, la zona fue tomada en los años 90 por la ciudadanía y pasó a ser conocida como Mauerpark: en él conviven desde entonces niños y familias, *dealers* y bongueros, un mercadillo zarrapastroso y toda la abigarrada diversidad berlinesa. Hace pocos años fue rehabilitado y se quiso respetar su carácter abierto: brinda un ejemplo feliz de cómo un hueco de la historia se regenera espontáneamente como parque.

Mucho más llamativo es que corriera una suerte similar el principal aeródromo de la ciudad entre 1923 y 2008: Tempelhof. Abierto como parque en 2010, mientras se decidía su suerte posterior, su popularidad superó todas las expectativas. Una iniciativa ciudadana forzó un referéndum para frenar los planes de construir en sus márgenes, y en 2014 una clara mayoría votó a favor de preservar el inmenso terreno. Desde entonces sirve como reserva de pájaros y lugar de esparcimiento; las familias hacen picnic en las campas y las pistas de aterrizaje las surcan ahora los patinadores.

También cerró entretanto el aeropuerto de Tegel, considerado modélico durante décadas por su inteligente sistema de distribución (la forma hexagonal de su Terminal A acortaba distancias para el pasajero). Para cuando viví yo en la ciudad estaba claramente saturado por el desenfrenado aumento del tráfico aéreo, y el hándicap de no poder llegar a él sino en autobús resultaba demasiado palpable. En una ocasión me pilló una protesta de taxistas y hube de recorrer el último tramo a pie con la maleta; será la única vez que llegué a un aeropuerto andando. La construcción del nuevo aeropuerto Willy Brandt fue uno de los mayores escándalos de la República por el enorme retraso acumulado y sus desorbitados costes, que distintas investigaciones no dudaron en atribuir a la negligencia política y las corruptelas de larga tradición en la ciudad. Yo solo lo usé por primera vez para abandonarla, en julio de 2021, y desde entonces como visitante.

CESURAS

Las adaptaciones de la red de transportes (centralización y soterramiento de vías férreas, traslado de las instalaciones portuarias) han deparado huecos y retos urbanos en todas partes, afrontados y resueltos con mayor o menor fortuna. Pero la singularidad de Berlín se debe a las cesuras que generó su tremebunda historia reciente, y en concreto el exterminio industrial de su población judía, el bombardeo sistemático de la ciudad en la Segunda Guerra Mundial, y su partición durante la Guerra Fría. Si en la lograda fórmula de Eric Hobsbawm el siglo XX fue un siglo breve, que arrancó en 1914 con el estallido de la Gran Guerra y terminó en 1989 con la caída del Muro, el corolario nada exagerado es que se abrió y cerró en Berlín. Es ese protagonismo un tanto siniestro (de una ciudad, por lo demás, históricamente incrédula y bulliciosa) el que sigue atrayendo al visitante culto, y el que merece la pena rastrear entre sus calles.

A diferencia de otras grandes capitales europeas, el protagonismo de Berlín fue tardío y estrepitoso. En la ciudad apenas quedan edificios previos a la industrialización, pese a que no sufrió daños mayores ni con la devastadora guerra de los Treinta Años ni con la humillante derrota prusiana ante Napoleón (de 1807). También la Primera Guerra Mundial dejó intactas las ciudades alemanas, aunque las llenó de viudas y mutilados. La capital acogió además convulsos episodios posrevolucionarios, o más bien su sangrienta represión. Fue una nueva cesura civilizatoria que la historiografía tradicional ha tendido a soslayar: el asesinato sistemático de rivales políticos. La mayoría de las víctimas más señaladas, de Rosa Luxemburg a Walther Rathenau y pasando por Leo Jogiches o Hugo Haase (o Kurt Eisner y Gustav Landauer en Múnich), tenían algo en común: su origen judío. El Holocausto, ciertamente, no cayó del cielo, ni lo perpetraron alienígenas ajenos a la tradición alemana.

El lugar de memoria por antonomasia para la deportación de los judíos de Berlín es la Große Hamburger Straße, una de las pocas calles que conserva su estructura previa a la época industrial (como la paralela Sophienstraße). Allí se fundó en 1672 (entonces extramuros) el cementerio judío más antiguo de la ciudad, el Alter Jüdischer Friedhof, operativo hasta 1827; en él está enterrado Moses Mendelssohn, el gran erudito judío de la Ilustración alemana. Es muy hermosa la anécdota que se cuenta de su llegada a Berlín con apenas 14 años, por la Rosenthaler Tor (la única autorizada a los judíos, por lo que el muchacho, que llegaba de Dessau, hubo casi de dar la vuelta a la ciudad). El guarda le preguntó qué venía a hacer en la capital y el joven Moses, que ni siquiera dominaba aún el alemán (en casa hablaba yidis), le contestó: «Aprender». Lo hizo a conciencia; Felix y Fanny Mendelssohn fueron sus nietos. El Instituto Judío en la Große Hamburger Straße lleva su nombre. Entre 1942 y 1945 funcionó como central desde la que se deportó a la población judía, muy numerosa en aquella zona y en todo el adyacente Scheunenviertel: desde 1985 se honra su memoria con una escultura de Will Lammert, realizada en 1957 para el campo de concentración de Ravensbrück. Enfrente mismo del Instituto se halla uno de los primeros monumentos nominales a víctimas corrientes, la fina instalación de Christian Boltanski (apoyado en la detectivesca colaboración de Christiane Büchner y Andreas Fischer, que en el anárquico verano terminal de la RDA recabaron todo tipo de datos en los archivos) que evoca a los ausentes sobre las desnudas tapias de un edificio destruido en parte por los bombardeos la noche 2 al 3 de febrero de 1945. Es una forma elemental y deferente de homenaje previa a los hoy famosos *Stolpersteine*, las placas de latón sobre los adoquines que identifican deportados frente a los que fueran sus portales. También los *Stolpersteine* arrancaron como iniciativa de un artista, Gunter Demnig, que instaló los primeros en Colonia en 1992 (y no obtuvo autorización municipal para sus acciones hasta 1997, en Austria). Hoy Berlín suma casi 10 000 *Stolpersteine*, muy lejos aún de las más de 50 000 personas deportadas entre 1941 y 1945.

Al otro lado de la manzana, en la Haus Schwarzenberg (el reducto de la cultura autónoma en la zona), el humilde museo del taller para ciegos de Otto Weidt recuerda a uno de esos *justos entre las naciones* que, por iniciativa propia y sin apenas medios, se jugaron la vida ayudando a perseguidos. Militante anarquista en su juventud y ciego él mismo, Weidt empleó a numerosos judíos en su manufactura de escobas y cepillos para la Wehrmacht, y siguió enviando paquetes a los deportados a campos de concentración. Fueron iniciativas como estas, ignoradas durante décadas, las que permitieron sobrevivir clandestinamente a unos 2000 judíos en Berlín; justo enfrente, en la Rosenthaler Straße 44 (en el inmueble que ocupó una residencia de ancianos derribada para dar paso a una filial de Apple), estuvo en su día el piso familiar de Marie Jalowicz Simon, que nos legó un testimonio incomplaciente de lo que le supuso vivir oculta y una lección inequívoca: quienes ayudaron fueron la gente plebeya, prostitutas y rateros, señoras de la limpieza y acróbatas, y no la burguesía culta atrincherada en su obsesión por no comprometerse.

Muy cerca del taller de Weidt, frente a la sede del Instituto Cervantes, tuvo lugar la única protesta de masas contra las deportaciones. Allí, en la Rosenstraße (el edificio ya no existe), se confinó a partir del 27 de febrero de 1943 a los judíos que quedaban en la capital y que hasta entonces se habían librado de males mayores por estar casados con «arias». Desde esa misma tarde se concentraron en la calle las esposas de los detenidos y otros allegados exigiendo su puesta en libertad. El régimen, pillado a contrapié, no quiso escándalos: los soltaron a todos (no así a los arrestados en otros puntos de la ciudad, que fueron deportados y asesinados). Resulta inevitable preguntarse qué habría ocurrido de haber sido más generalizadas las protestas.

La resistencia al genocidio llegó a veces de ámbitos insospechados, como en el caso del lugar de memoria que tuve siempre más cerca. En la Kastanienallee 22, oculta en un patio privado al lado mismo de mi restaurante chino habitual, operaba desde 1902 la Messiaskapelle (Capilla del Mesías) de la Misión Judía, consagrada a convertir almas a la fe cristiana. Pero, con el auge del antisemitismo *racial* del nazismo, su labor pasó a ser muy controvertida en la Iglesia evangélica; ya en 1932 los Cristianos Alemanes (su flamante rama nazi) exigieron poner fin a los bautismos de judíos. Una vez promulgadas las Leyes de Núremberg, en 1935, se adoptó como línea oficial acatar expresamente sus medidas discriminatorias, pero apuntando que los judíos convertidos eran tan cristianos como el que más y reivindicando la autonomía eclesial en cuanto a la salvación de sus almas. El hecho es que ello pronto implicó también salvar sus vidas. Sin financiación ya y con párrocos voluntarios, la Misión berlinesa en la Kastanienallee siguió bautizando a personas judías, incluso tras el veto expreso de las autoridades eclesiales. Solo en 1941 se prohibió definitivamente su actividad, en el momento mismo en que comenzaban las deportaciones: su director, el pastor Otto Mähl, se había negado a registrar la confesión previa en el libro de bautismo. Mientras los Cristianos Alemanes forzaban la expulsión de conversos en sus parroquias y muchos pastores se aplicaban a escudriñar los libros de bautismo para detectarlos (un tal Karl Themel, por ejemplo, denunció a las autoridades a 2000), de las 704 personas bautizadas en la Messiaskapelle apenas fueron deportadas a los campos de exterminio 86, un número comparativamente muy bajo (aunque solo iban a sobrevivir dos de ellas). A las más de 600 restantes las salvó el celo evangelizador de párrocos que en buena parte eran abierta y militantemente antisemitas.

La persecución y el asesinato industrial de la población judía fueron la bandera extrema de un movimiento de mamporreros que *necesitaba* definir y excluir enemigos para alimentar su propia cohesión: los dirigentes nazis sabían bien que nada une tanto como el crimen. El terror nazi se ejerció desde el principio y nadie podrá alegar que no lo vio venir; el engaño con el que quisieron consolarse muchos fue que se calmarían una vez en el poder. No fue así: desde el mismo día en que Hitler fue nombrado canciller (y Göring, comisario para el decisivo Ministerio de Interior prusiano) se aplicaron a detener y torturar gente con la mayor impunidad. Uno de los escenarios del terror «salvaje» de aquellos meses de 1933 sobrevivió al tiempo intacto y puede visitarse hoy: la cárcel de las SA en la Papestraße, en los sótanos de un antiguo cuartel donde fueron encerradas, vejadas y torturadas al menos 500 personas cuyo único delito fue encarnar lo mucho que odiaban los nazis. Los nombres y fechas rayados en las paredes, lo tétrico del lugar, y la escrupulosa exposición que desde 2013 amplía sus historias perturban como solo puede hacerlo el matonismo amparado por el poder. El terror nazi a gran escala lo documenta de un modo ejemplar el centro Topografía del Terror, y desde luego están los campos de concentración como los cercanos de Oranienburg y Sachsenhausen (que acogió a todo un jefe de gobierno español, Francisco Largo Caballero). Pero pocas veces sentí su saña y su cutrez como en esos sótanos de la Papestraße, preservados casi íntegramente en su estado original.

La cesura civilizatoria del nazismo alcanzó dimensión apocalíptica en la guerra de exterminio que emprendió en el este y en el aniquilamiento industrial de poblaciones enteras. También acabó pagándola la propia Alemania, cuyas ciudades fueron sometidas a inmisericordes bombardeos angloamericanos. Berlín, como la capital del Reich y gran centro fabril, concentró el mayor número de ataques aéreos, aunque no de víctimas: en solo un par de días, la operación Gomorra mató a más gente en Hamburgo. El sistema de búnkeres antiaéreos funcionó bastante bien en la capital, y el generoso trazado de sus calles, la modernidad de sus edificios, y la falta de accidentes orográficos la libraron de sufrir el efecto conocido como «tormenta de fuego», a diferencia de localidades densas y ubicadas en un valle como Stuttgart o de Pforzheim, donde se tuvo en cuenta su elevada proporción de casas de madera y en la noche del 23 de febrero de 1945 se calcinó a casi tantas personas como en cinco años en Berlín. Los bombardeos aliados no fueron muy eficaces a la hora de frenar el esfuerzo bélico alemán, pero sí que arrasaron el parque de viviendas. En la capital, un tercio de ellas quedaron completamente destruidas y apenas la cuarta parte no sufrió daños. Existe una filmación muy famosa de mayo de 1945 que recorre toda la avenida Unter der Linden sin que se vea un solo edificio intacto; en la vitriólica formulación de Bertolt Brecht, Berlín era ahora un «montón de ruinas junto a Potsdam».

Antes de plantearse siquiera la reconstrucción, la tarea más urgente en cuanto se firmó la capitulación del Reich fue por ello afrontar el desescombro. Se estimó que solo en Berlín la guerra había dejado 55 millones de metros cúbicos de cascotes; alguien se molestó en calcular que, apilados en una muralla de treinta metros de anchura y cinco de altura, esta alcanzaría hasta Colonia. Como es lógico, se optó por otras soluciones, y las mayores cotas de una ciudad básicamente llana pasaron a ser sus escombreras. Merece la pena ascender lo que hoy son parques abiertos y con vegetación: el Teufelsberg en el oeste (donde los estadounidenses instalaron su estación de escucha), las cumbres junto al Volkspark

Friedrichshain en el este, o en el Humboldthain al centro; en sentido literal y metafórico, supone elevarse sobre las ruinas del pasado para contemplar el panorama del presente, y esa perspectiva elevada encarna en sí misma la mayor cesura histórica de la ciudad. En los capítulos siguientes habré de extenderme sobre cómo se afrontó (en buena parte tratando de hacer borrón y cuenta nueva), pero un episodio en una montaña de escombros (el Bunkerberg de Friedrichshain) puede ayudar a comprender la posterior cesura, quizá la más mítica: la partición de la ciudad entre dos bloques enfrentados que sellaría el Muro. El hijo del compositor Hanns Eisler contaba cómo una tarde paseaba con su tío Gerhart, veterano funcionario del Komintern, y el tío le explicó: «Ves, este es nuestro Berlín. Y en todas partes donde está encendiéndose la luz hay uno pensando en cómo cortarnos el cuello». Para los comunistas regresados del exilio que aspiraban a un nuevo comienzo, ese era el clima social en el que hubieron de desenvolverse.

La idea de repartirse Europa en áreas de influencia provino de Churchill. Stalin a su vez ofreció dividirse también la ocupación de Berlín (conquistada a un alto coste por el Ejército Rojo), con vistas a asegurarse la neutralidad alemana futura. Pero la fórmula, que funcionó bien en

Austria, fracasó malamente en Alemania. La voluntad de integrar las zonas de ocupación occidentales en la alianza militar atlántica, la reforma monetaria unilateral de 1948 (a la que los soviéticos respondieron con el bloqueo de Berlín, que durante un largo año hubo de ser abastecida por vía aérea), y la fundación en marzo de 1949 de la República Federal abocaron a la zona de ocupación soviética, la más pobre, a improvisar un país sin reunir condiciones para ello (su PIB per cápita suponía apenas el 40 % de la parte occidental). La Guerra Fría exacerbó las tensiones entre los antiguos aliados, y el recurrente éxodo de población a través de la frontera abierta de Berlín, que alcanzó proporciones masivas en los primeros meses de 1961, los zanjó el régimen de la RDA alambrando esos 167,8 kilómetros y erigiendo en ellos un muro. Fue una solución brutal a un conflicto insostenible: en la famosa frase de Kennedy, que ya le había dado a entender a Jrushchov que su línea roja era la presencia de tropas aliadas en Berlín Oeste y el libre tránsito con la RFA, «qué diablos, un muro es mucho mejor que una guerra».

El cierre de la frontera supuso ante todo un desastre humano. Quienes se vieron atrapados a uno u otro lado pudieron regresar a sus domicilios en los días subsiguientes, pero se truncaron innúmeros vínculos familiares, profesionales y afectivos. Tampoco las autoridades occidentales brillaron por su sensibilidad. Aunque al inicio los residentes en Berlín Oeste podían seguir accediendo al lado oriental, el 26 de agosto se lo prohibió su propia policía: en estricta observancia de la doctrina Hallstein, se antepuso no reconocer los salvoconductos emitidos por el gobierno de la RDA a consideraciones humanitarias. Hasta las Navidades de 1963 no se logró un primer convenio que autorizaba las visitas familiares en las fiestas, y solo el acuerdo cuatripartito entre las potencias ocupantes del 3 de septiembre de 1971 (que inauguró la nueva era de distensión, y al que seguirían el reconocimiento mutuo y el ingreso en la ONU de las dos Alemanias) permitió acceder a Berlín Este sin mayores trabas. Para los ciudadanos de la RDA, en cambio, la obtención de un visado estuvo siempre sujeta al arbitrio de las autoridades, en lo que supuso uno de los recursos más eficaces con que garantizarse su mansedumbre. La partición deparó dramas que siguen alimentando el cine y la literatura, y desde luego dejó una profunda huella en la ciudad.

El impacto del Muro fue inmediato y parcialmente irreversible. Dio al traste con décadas de esfuerzos por desarrollar la conectividad de la ciudad. Varias de sus arterias principales se vieron cortadas, empezando por la Potsdamer Platz, que antes de la guerra se consideraba la de mayor tráfico de Europa (allí se instaló en 1924 el primer semáforo alemán). También la Friedrichstraße, histórico eje norte-sur, se truncó en el cruce con la Kochstraße, y su estación del tren urbano pasó a ser la última de la parte oriental: hoy se conserva como museo (en un tono muy de Guerra Fría) la terminal que habilitó la RDA para el puesto fronterizo, conocida como Palacio de las Lágrimas por las despedidas que acogió. Puesto que la RDA detentaba la soberanía sobre la red ferroviaria (incluyendo la parte occidental), ya en agosto de 1961 los sindicatos de Berlín Oeste y el alcalde Willy Brandt llamaron a boicotear el tren de cercanías para no aportar divisas al régimen que los emparedaba, y las autoridades occidentales se aplicaron a construir nuevas líneas de metro en paralelo a las del tren, aunque con estaciones alejadas para disuadir de hacer trasbordo: una contienda política que se revelaría funesta tras la reunificación. El déficit por mantener el servicio en la parte occidental de la ciudad se volvió insostenible, y tras la huelga de trabajadores en 1980, en 1984 los derechos de explotación del tren urbano en Berlín Oeste fueron transferidos a la BVG. Tras la reunificación costó recuperar las conexiones interrumpidas: la línea circular solo se restableció del todo en junio de 2002.

Como dos líneas de metro (U6 y la U8) y una de tren (la S1) que enlazaban las zonas occidentales de norte a sur discurrían bajo el centro oriental, las autoridades de la RDA cerraron todos sus accesos, generando «estaciones fantasma» por las que cruzaban los trenes con los andenes vacíos. Hoy son buena parte de las estaciones más turísticas, incluyendo toda mi zona entre Bernauer Straße y Rosenthaler Platz hasta la estación de Heinrich-Heine-Straße. La situación más delicada se generaba en Alexanderplatz, donde se cruzaban dos líneas de metro oriental y la occidental U8 por debajo: se tapiaron sus entradas y salidas y hasta se revistieron con azulejos idénticos a los de las paredes para enmascararlo, aunque por supuesto se oía el fragor de los trenes al pasar. Fue una de las muchas absurdidades que deparó la partición, como los minúsculos exclaves, a veces de gran valor simbólico (la Unión Soviética mantuvo hasta los años 90 la soberanía sobre su monumento de guerra en el Tiergarten, erigido en el verano de 1945).

No menos chocante resulta en retrospectiva la duplicación de instituciones, que se remontaba a antes de que se constituyeran los dos Estados alemanes. La Universidad Libre (de nombre programático y con campus en el pudiente Dahlem) fue fundada ya en 1948, la Deutsche Oper (como alternativa a la rehabilitada Opera Estatal de Unter den Linden) se inauguró en 1961, la segunda Biblioteca Estatal en 1978, y cabría añadir toda una serie de museos con los que se aspiró a contrarrestar en parte la formidable Isla de los Museos. En el Este se inauguró un segundo zoo en 1955: una de las escasas réplicas que requirió la zona oriental, más céntrica e histórica. Hay que tener en cuenta que, si la RDA era un país anómalo constituido con la parte pobre de Alemania, Berlín Occidental era una construcción no menos gratuita, resultado de sumar dos barrios obreros clásicos (Wedding y Kreuzberg) a suburbios residenciales anexionados solo en 1920, sin apenas sector productivo tras la fuga de las grandes empresas. Su política consistió en esencia en apostar por el ladrillo como motor económico y por la cultura como escaparate del «mundo libre» frente al bloque oriental. Muchas nuevas instituciones culturales venían a matar dos pájaros de un tiro, como el Kulturforum en el erial adyacente a la Potsdamer Platz, con la Biblioteca y la Filarmónica de Scharoun y Wisniewski y la Nueva Galería Nacional de Mies van der Rohe. Otras más discretas se habilitaron en viejas mansiones, como el Literarisches Colloquium junto al Wannsee donde tuve el privilegio de finalizar este ensayo.

También en el Este el Muro impulsó construcciones emblemáticas y retadoras. La más vistosa es sin duda la torre de televisión. Después de que el enorme coste de las nuevas instalaciones fronterizas paralizase diversos proyectos, Walter Ulbricht impuso la opción de un icono visible desde el sector occidental: se inauguró en 1969 y con sus 368 metros sigue siendo el edificio más alto de Alemania, y su espectacular restaurante giratorio brinda un panorama único de la capital. Por increíble que hoy pueda sonar, se concibió en los años en que la Unión Soviética estaba ganando la carrera espacial a los Estados Unidos y el socialismo pareció una alternativa sólida al capitalismo: su silueta encarnó ese desafío, y hoy simboliza con la misma gallardía la ambivalente vitalidad de una ciudad en permanente reinvención.

El desarrollo urbanístico de los dos sectores fue por lo demás bastante desigual, aunque el deseo de arrasar la ciudad antigua era común a ambos sistemas. Pero solo el Oeste dispuso de recursos con los que llevarlo a cabo: paradójicamente fue en el Este donde se preservó el Berlín de Hobrecht, valorado solo desde su rehabilitación. Durante décadas, también la RDA hubiese querido volar los denostados «cuarteles de alquiler» y reemplazarlos por modernos y aireados bloques de hormigón, como se hizo a conciencia en Kreuzberg y sobre todo Wedding. Pero resultaba más barato levantar urbanizaciones nuevas en la periferia, por lo que el Prenzlauer Berg, que había superado relativamente intacto la guerra y los bombardeos, languideció en un lóbrego abandono del que pudo despertar pletórico tras la reunificación.

Esta disparidad y el coste humano de la partición se pueden evocar de manera ejemplar en la Bernauer Straße, el lugar de memoria por antonomasia del Muro. La calle supuso un punto candente desde la inmediata posguerra, porque en una muestra acabada de la arbitrariedad de las fronteras, el límite intersectorial coincidía aquí con la fachada de los edificios: la acera pertenecía al sector francés, el interior de las casas al soviético. Hasta 1961, esto podía acarrearle acusaciones de contrabando a quien hiciera la compra enfrente en lugar de salir por el patio trasero; pero los controles en plena calle tampoco eran tan inflexibles, y hay documentos fílmicos de la época que muestran cómo la gente circula por la zona sin mayor dramatismo (también recogen algunos controles policiales en los que, sabiéndose grabados, los agentes se comportan con exquisitez). Pero, desde el 13 de agosto de ese año, la situación se tornó ya amenazante. Los primeros días hubo vecinos de la Bernauer Straße que abandonaron el país saliendo por la puerta de la calle. Cuando estas fueron tapiadas, otros saltaron por las ventanas: Ida Siekmann, de 58 años, falleció al caer desde su tercer piso del número 48; fue la primera víctima mortal. Como consecuencia de las heridas producidas al caer murieron también Rudolf Urban, de 47 años (en el número 1, el 17 de septiembre) y Olga Segler, de 80 años (en el número 34, el 26 de septiembre). Pero también las ventanas se fueron tapiando. Bernd Lünser, de 22 años, quiso saltar del tejado del número 44 el 4 de octubre; lo descubrió la policía, y tras forcejear con ellos cayó al vacío y falleció en el acto. Durante el incidente, que nunca se llegó a esclarecer del todo, se produjo un tiroteo con policías occidentales y en el tejado del edificio resultó herido en un muslo el policía oriental que forcejeó con Lünser.

La guardia fronteriza de la RDA tenía orden expresa de disparar y ya se habían producido víctimas mortales. La primera fue Günter Liftin, de 24 años, el 24 de agosto, cuando intentaba cruzar a nado el río no lejos de allí, junto al hospital de la Charité. En total se computan 101 fallecidos por distintas causas al tratar de huir, aunque también ocho guardas de la RDA abatidos en acto de servicio: dos a mano de grupos de fugitivos, tres por disparos de colegas desertores, y el más célebre, Egon Schultz, por fuego amigo en un tiroteo a la boca de un túnel bajo la Bernauer Straße. La RDA lo elevó a mártir de su causa; es cierto que los organizadores de fugas no vacilaban en hacer uso de las armas. La Fundación Muro de Berlín es deferente al incluir a esos ocho guardas entre las víctimas del Muro (junto con los 101 fugitivos, 30 personas sin intenciones de fuga, y un soldado soviético; hubo además 251 personas que fallecieron de muerte natural en la frontera): debería invitar a la cautela a la hora de juzgar a quienes en la mayoría de los casos solo estaban prestando su servicio militar en un destino escabroso del que casi todos soñaban con librarse. En los años 80, con la frontera perfeccionada ya hasta un límite siniestro, el ministro para la Seguridad del Estado Erich Mielke abroncó a los mandos de la Guardia preguntando cómo es que, desde torres de observación permanentemente ocupadas, con alarmas eléctricas y una tierra de nadie iluminada por focos y batida por perros entre el muro trasero y el Muro propiamente dicho, hicieran falta casi 70 disparos de media para alcanzar a un fugitivo. La razón es obvia: el grueso de los guardas no disparaban a dar. Claro que eso no brindará ningún consuelo a los que sí mataron, hasta 68.

Los túneles bajo la Bernauer Straße forman parte de su leyenda, alimentada por el que financió en 1962 la NBC para un documental aún digno de verse (el reciente libro de Helena Merriman, *El túnel 59*, recrea la historia de forma vibrante, pero con notables deslices a la hora de interpretar el contexto histórico). La Fundación Unterwelten (que tiene allí mismo su sede, en la Brunnenstraße 105) ha restaurado un tramo de ellos que puede visitarse. La StaSi pronto refinó sus métodos de detección, y desde el túnel 57 (el que costó la vida a Egon Schultz) ya no hubo más intentos exitosos. A partir de 1965 se derribaron todas las casas en primera línea, ya totalmente desalojadas; solo quedó en pie su planta baja, que tapaba el muro de detrás. En 1985 se voló también una iglesia y se allanaron las zonas adyacentes de dos cementerios, eliminando las tumbas afectadas.

Hoy, desde Nordbahnhof hasta el Mauerpark, toda la calle despliega un museo al aire libre que rememora esta triste historia, con profusión de paneles y placas metálicas circulares que indican puntos donde se produjeron muertes, detenciones o fugas (la más icónica de todas en el cruce con la Ruppiner Straße, donde desertó el guardia fronterizo Conrad Schumann en un salto inmortalizado por el fotógrafo Peter Leibing).

Frente al museo memorial con su plataforma elevada (que evoca las muchas que se erigieron del lado occidental para observar el otro lado) se han conservado una torre de control y un tramo auténtico del Muro; más arriba se exhiben los cimientos de la iglesia derruida, y en adelante se recupera con listones metálicos la silueta del Muro. Aunque finalmente se decidió no edificar en todo el tramo, quedan inmuebles prematuramente autorizados que se alzan ahora varados, como el de la Strelitzer Straße 28. Se ha llegado a criticar que la renuncia a edificar consolida la segregación en dos zonas que trajo el Muro, pero de eso ya se encargó el desarrollo urbanístico del lado occidental, cerrando duraderamente al tráfico dos arterias que enlazaban los barrios sin solución de continuidad (la Ackerstraße y la Swinemünder Straße) y eliminando o reduciendo al mínimo los locales comerciales. En una ciudad que desde la Segunda Guerra Mundial se ha venido articulando a partir de huecos y vacíos, no parece tan mala idea consagrar este al recuerdo de la división y de su coste humano.

Frente al museo memorial, una estela sobria y emotiva a un tiempo presenta las fotografías de todas las víctimas mortales. Sus historias individuales pueden consultarse en la página web de la Fundación Muro de Berlín. Su exhortación es muy actual: tratar de huir de una vida difícil o de la persecución política sigue criminalizándose y se paga a menudo con la muerte. Y, con todas las obvias diferencias, resulta turbador el modo en que esas tragedias evocan el Muro entre Estados Unidos y México o la valla de Melilla.

MUERTOS

Los 140 muertos del Muro constituyen apenas una fracción mínima de los que se produjeron por motivos políticos en Berlín, y no digamos de los que generaron las dos guerras mundiales tramadas en la ciudad (y que en cualquier caso sería del todo injusto imputar a los berlineses, a los que una emigrada bien poco complaciente como Hannah Arendt atestiguaba en 1949 que «seguían odiando a tope a Hitler»). Pero aunque Berlín sirviera de epicentro al Holocausto y a las guerras de exterminio que resume la etiqueta de «Segunda Guerra Mundial», y al acabar esta se hubiera de enterrar muchos cadáveres anónimos en fosas comunes, carece de un cementerio masivo que recoja a las víctimas de aquella hecatombe. De hecho, y a diferencia de la mayoría de las capitales europeas, Berlín carece de un camposanto central y conserva los de las diferentes parroquias; hoy es una de las ciudades del mundo con más cementerios, y una de las que mayor espacio dedica a sus muertos: atesora nada menos que 221 camposantos con una superficie total de 1147 hectáreas (el doble que una capital clásica como Viena, por ejemplo, donde casi la mitad de sus 510 hectáreas de cementerios las acapara el Zentralfriedhof). También ha de llamarnos la atención la variedad de registros de sus sepulcros (desde la humildad a la pompa) y su carácter en general bien distinto al predominante en España, lejos de la admonición lúgubre y tridentina del *memento mori*; muchos cementerios berlineses son hoy a la vez parques y lugares de memoria, y en muchos casos, como veremos, hasta de exaltación de la vida. Siempre tuve predilección por el recogimiento que permiten y las historias que revelan, pero es que además fueron casi los únicos monumentos que pude visitar sin restricciones durante la pandemia, en mis últimos meses en Berlín. Descubrí así joyas insospechadas y un prisma privilegiado desde el que leer la ciudad, su historia y sus políticas de la memoria.

Hasta comienzos del siglo XIX, y salvo por un puñado de cementerios militares, se enterraba a los muertos en terrenos eclesiales. Pero con la creciente preocupación por la higiene fue imponiéndose el temor a los llamados «vapores mefíticos» que emanarían los cadáveres en descomposición, y desde finales del siglo XVIII no se autorizaron más cementerios intramuros y en 1794 Prusia prohibió sepultar en iglesias y zonas habitadas. Las iglesias, desde luego, se resistieron con uñas y dientes a una medida que les privaba de una fuente esencial de ingresos, como se iban a oponer a la incineración (mucho más económica que el entierro) que desde el siglo XIX favorecieron el movimiento obrero y asociaciones aconfesionales. Aunque toda una autoridad médica como Rudolf Virchow secundó ya en 1875 con argumentos higiénicos la incineración, y desde 1904 operaban en Berlín mutuas obreras para financiarla, en Prusia no se autorizó hasta 1911, bastante más tarde que en otros territorios alemanes. El primer crematorio municipal de Berlín se inauguró en 1915 en Wedding, un barrio señaladamente obrero. El vistoso edificio cesó su actividad en 2001; exquisitamente remodelado, hoy opera como espacio cultural y su bucólico jardín es el recinto para las inhumaciones. Todo este contexto histórico ayuda a interpretar el papel de los cementerios en la ciudad, por regla general tanto más grandes cuanto más periféricos: como los anillos de la corteza de un árbol, la expansión urbana fue absorbiéndolos y hoy resultan céntricos muchos que se fundaron para poder enterrar fuera de la muralla.

Así ocurre con el cementerio que más cerca de casa tuve, y por el que atajaba de forma habitual a la Bergstraße desde la Ackerstraße: el de la Sophiengemeinde. Como indica su nombre, depende de la Sophienkirche, la hermosa iglesia barroca conservada intacta; con la normativa citada se cerraron su camposanto adyacente, donde quedan aún algunas tumbas, y su primera ampliación aún intramuros (en sus terrenos se alza hoy la piscina de la Gartenstraße). En 1827 se inauguró el nuevo emplazamiento. También este cementerio sufrió la cesura del Muro: a comienzos de la década de 1960 aún era posible visitar con un permiso especial las tumbas de la parte norte, junto a la Bernauer Straße; pero en lo sucesivo fueron demolidas para ampliar las instalaciones fronterizas. Justo al límite de esa zona yace el filósofo del individualismo anarquista, Max Stirner. La única imagen que se conserva de él es una caricatura: la dibujó Friedrich Engels.

Uno de los pocos que quedan intramuros, y por tanto uno de los más antiguos de la ciudad, es el que fuera cementerio de la guarnición, el Alter Garnisonfriedhof: Berlín, no conviene olvidarlo, era en su época preindustrial ante todo un inmenso cuartel (según el dicho atribuido al conde Mirabeau, mientras otros países tenían un ejército, Prusia era un ejército que tenía un país), y la muralla que trazó el límite en que sepultar no estaba ahí solo para imponer tasas de aduana, sino para que no se escaparan los reclutas. Aquí recibieron sepultura 350 víctimas de la Segunda

Guerra Mundial, y existe una tumba al soldado desconocido de la Primera. En su fase inicial iconoclasta, cuando se aplicaba a borrar las huellas del militarismo prusiano, el régimen de la RDA decidió cerrarlo; en la década de 1970 se eliminó el grueso de las sepulturas conservando solo las de valor histórico, con lo que la práctica totalidad de las que quedan son de militares (si bien uno de ellos fue un autor destacado del Romanticismo: Friedrich de La Motte Fouqué). Las numerosas cruces de hierro fundido dan fe del auge de la ferrería berlinesa; hay también algún motivo en hierro muy elaborado, como un casco con penacho y corona de laurel. Hoy el conjunto subsiste como monumento protegido y parque, algo que agradecerán los vecinos de los bloques adyacentes: en una sola esquina se suceden un nuevo inmueble de madera quemada (excelente aislante, según me explicaron), una de las últimas casas ocupadas que quedan en la zona, y los Platten con balcón de la Linienstraße erigidos en los años 80, que siguen gozando así de paz y vistas despejadas en una zona muy gentrificada.

Más relevante aún, y por ello políticamente espinoso, es el Invalidenfriedhof, la máxima encarnación de las tradiciones militares prusianas. La RDA barajó eliminar este cementerio; lo salvó el sepulcro del general Gerhard von Scharnhorst

(1755-1813), el reformador ilustrado que introdujo la leva universal y sentó las bases para organizar las milicias populares: su visión de un verdadero ejército nacional sin privilegios de clases concidía con la que en esos años quiso reivindicar el Estado germanooriental. La tumba de Scharnhorst luce así como una de las obras maestras de Schinkel (el vistoso león es de Rauch, el friso de Friedrich Tieck) y el núcleo de un camposanto en que conviven los restos de militares de los sucesivos regímenes alemanes, desde criminales señeros como Todt y Heydrich a ajusticiados por el fallido golpe contra Hitler del 20 de julio. Situado frente al canal de Spandau que hizo de frontera entre sectores, también este cementerio fue una víctima colateral del Muro. Pese a los reparos de los responsables de protección de monumentos, se destruyeron multitud de sepulcros valiosos y de auténticas leyendas (como Manfred von Richthofen, el Barón Rojo): los motivos de seguridad pesaron sobre cualquier otra consideración, y de las 3000 tumbas existentes en 1961 ya solo quedaban 230 en 1989. Era un punto candente, donde fueron abatidas al menos cinco personas: un fugitivo que estaba trepando ya la tapia exterior, tres berlineses occidentales por bañarse en el canal, y en 1962, durante la dramática fuga a nado de un chico de catorce años, un guarda fronterizo de la RDA. Este sí que se excedió en su ahínco, y lo pagó muy caro: contraviniendo la orden expresa de su superior, abandonó la torre de vigilancia y vació su Kaláshnikov sobre un adolescente que flotaba gravemente herido y al que trataba de recoger la policía occidental. Cuando esta replicó el fuego, lo alcanzó una bala perdida y murió en el acto. Se llamaba Peter Göring. El muchacho al que había estado disparando, Wilfried Tews, quedó inválido para el resto de su vida.

El cementerio más célebre de Berlín, en cambio, debe su fama a los pensadores, artistas y literatos que reúne bajo tierra: probablemente no haya en el mundo entero una concentración parangonable de talentos yaciendo en tan poco espacio. Fundado en 1762 por Federico II, el Dorotheenstädtischer Friedhof acogió desde el principio a numerosos intelectuales por la proximidad de la mayoría de las instituciones del saber: la Academia de las Artes, la de Canto, la de Arquitectura, la de Ciencias, y desde 1810, finalmente, la Universidad. Allí fueron enterrados Hegel y Fichte, Schinkel y Schadow, pero también August Borsig o Ernst Litfaß, el inventor de las columnas publicitarias que en alemán llevan su nombre y que marcaron el paisaje urbano berlinés desde 1854 (en París fueron adoptadas solo a partir de 1868, pero se asocian con la capital francesa porque aparecen en multitud de cuadros impresionistas). Los bombardeos de la Segunda Guerra Mundial produjeron graves daños en la zona y en el propio cementerio, por lo que las autoridades germanoorientales barajaron convertirlo en un parque. Preservarlo acabó por ser uno de sus mayores aciertos propagandísticos, porque además de la comunidad de la parroquia, la Academia de las Artes de la RDA obtuvo permiso para enterrar allí a sus miembros, consolidando el perfil del Dorotheenstädtischer Friedhof y esbozando una continuidad entre la vieja intelectualidad prusiana y la plana mayor de la que se sumó a construir el socialismo. Allí había sido enterrado por deseo propio Bertolt Brecht, que vivía al lado (la Brecht-Haus sigue siendo un destacado foro literario), y allí iban a seguirle el poeta y ministro de Cultura Johannes R. Becher, los restos de Heinrich Mann (fallecido cuando se disponía a asumir la presidencia de la Academia en Berlín Este), el compositor Hanns Eisler, y a partir de entonces el grueso de la rutilante generación del exilio que asentó el imaginario antifascista de la joven RDA: los novelistas Arnold Zweig y Anna Seghers, los hermanos John Heartfield y Wieland Herzfelde... Tras la reunificación no quisieron ser menos los autores que tomaron su relevo: Heiner Müller, Stephan Hermlin,

Christa Wolf (cuya lápida encuentro especialmente elegante), e incluso otros que habían debido abandonar la RDA como Hans Mayer, Thomas Brasch o Wolfgang Hilbig, o asentados después en Berlín como Wolfgang Herrndorf (la tumba más popular, si lo medimos por los recuerdos que dejan los visitantes: piedritas, bolígrafos y hasta algún ejemplar de su inolvidable *Tschick*). También está enterrado en el extremo sur Herbert Marcuse, tras un doble viaje de retorno de sus cenizas (había fallecido durante una visita a Alemania, en casa de Jürgen Habermas; su viuda Erica hizo repatriar la urna a California, pero no fue inhumada, y en 2003 su hijo y nieto eligieron hacerlo en su ciudad natal). «¡A seguir!», reza escueto y resuelto su epitafio; la ironía es que justo enfrente parece responderle el anterior del escritor satírico Rudi Strahl: «La próxima revolución hagámosla en agosto». Como todas las sentencias logradas, ni siquiera es solo un chiste.

Siguiendo la Chausseestraße hasta la Liesenstraße, se llega al nuevo cementerio de la comunidad francesa. Allí yace, como descendiente de hugonotes por ambas ramas de la familia, el novelista más grande que brindó Alemania, Theodor Fontane. También este recinto quedó justo en el límite entre sectores, y el Muro lo cercó por tres lados (el tramo hacia la Gartenstraße es auténtico): aquí también la acera era ya Berlín Oeste, y las barreras fronterizas arrasaron la parte frontal del cementerio. Durante años, acceder a él requirió un permiso especial; Heinz Knobloch describe los intrincados trámites que hubo de solventar (frente a la característica mezcla berlinesa de opacidad burocrátrica y llaneza cooperativa) para poder visitar la tumba de Fontane en 1978. Conmueve pensar que uno de los autores más indulgentes de la literatura universal languideciera aislado de sus lectores, que hoy vuelven a acudir de continuo; las dos sobrias lápidas de granito negro de él y su esposa Emilie han sido restauradas en su forma original, que reventara un bombazo al final de la guerra. A escasos metros de allí está enterrado otro berlinés de adopción, el fotógrafo estadounidense Will McBride. Plasmó con su Leica la liberación *hippie* de Alemania, retrató como nadie a Adenauer y Brandt, y escenificó los desnudos más deferentes, casi antitéticos al fetichismo retador del berlinés de nacimiento Helmut Newton. Me costó encontrar su tumba: necesité escrutar una por una todas hasta reparar en un espacio sin lápida que identifica solo una minúscula placa con el nombre. Sobre él crecía un arbolito enclenque; confío en que en pocos años su sombra ampare los restos de McBride. Durante mi fase última en Berlín los visité cada semana. Me reconfortaba mucho ver reposar tan próximos, y lejos del bullicio, a esos dos maestros de la empatía y la benevolencia.

Una de las primeras tumbas que busqué nada más instalarme en Berlín fue la de Irmtraud Morgner. No es un motivo usual para acudir al conocido como cementerio de los socialistas en Lichtenberg. Allí, donde venía sepultándose a los pobres del extremo este de la urbe, fue enterrado en 1900 (escoltado por 150 000 personas) el fundador del Partido Socialdemócrata Wilhelm Liebknecht. Su estela iban a seguirla diversos líderes obreros y sindicales, pero el recinto adquirió su aura mítica en 1919 al acoger los restos de su hijo Karl y Rosa Luxemburg. La idea inicial era inhumarlos en el cementerio de los caídos de marzo junto al Volkspark Friedrichshain, el lugar de memoria tradicional del movimiento obrero, pero el ayuntamiento de Berlín denegó el permiso. Mies van der Rohe diseñó el túmulo inaugurado en 1926, que desconcertó un tanto a la militancia por su estética no figurativa; en 1933 los nazis lo asaltaron y robaron la estrella como trofeo, antes de destruirlo definitivamente y profanar las tumbas. Tras la guerra y la partición se optó por no reconstruirlo y erigir en cambio una rotonda como memorial socialista: fue un acierto propagandístico, porque integra a representantes del ala derecha del SPD (el partido dirigente de la Alemania Oriental era a fin de cuentas el resultado de la fusión de las dos grandes corrientes obreristas) al mismo tiempo que traza una continuidad entre Liebknecht y Luxemburg y la plana mayor de la RDA gradualmente inhumada allí (solo faltan Honecker, que murió en Chile, y Erich Mielke, relegado a un espacio anónimo al margen). Participé una vez, con mi amigo Jesús Casquete, en la peregrinación anual de homenaje a Karl y Rosa, en el aniversario de su asesinato el domingo más próximo al 15 de enero: es todo un espectáculo, y uno de los escasos ritos capaces de concitar a las más diversas y hasta antagónicas corrientes de la izquierda alternativa. También permite comprobar que, si bien por debajo de los dos mártires, los dirigentes del país finiquitado no dejan de recibir su cuota de rosas y afecto, incluso un líder tan impopular como fue siempre Walter Ulbricht. Pero la marcada significación política del cementerio no ha de eclipsar que en él yacen también muchos artistas, de la gran Käthe Kollwitz al cineasta Konrad Wolf (el hermano de Markus, el superespía). Irmtraud Morgner, que murió de cáncer justo antes de la reunificación, descansa en acreditada compañía, y al igual que su literatura un poco al margen.

El cementerio de los caídos de marzo quedó así como símbolo de una tradición integradora igualmente reivindicada por el régimen de la RDA, pero separada. Eso le ha permitido a la Alemania reunificada hacerla también suya al fin. La revolución de 1848 supuso a fin de cuentas el primer intento de lograr conquistas democráticas elementales en los territorios alemanes, y, aunque sus reivindicaciones las dictó en esencia la pujante burguesía (desde el derecho a voto a la independencia judicial), el grueso de los muertos los puso, como suele ocurrir, el pueblo llano. El 18 de marzo, en Berlín, se produjo una matanza al disparar las tropas sobre los manifestantes congregados ante el Palacio Real; en los disturbios resultantes lucharon entre otros los jóvenes Theodor Fontane y Rudolf Virchow. La brutal represión conmocionó a la ciudadanía y, en un gesto inédito, el rey Federico Guillermo IV se vio forzado a descubrirse al paso de los féretros. Conciliador, el ayuntamiento quiso enterrar conjuntamente a los civiles y soldados fallecidos en los combates callejeros; lo vetó el mando militar, que descartó de plano mezclar a los suyos con la plebe. Los soldados fueron destinados al Invalidenfriedhof, mientras que para los civiles se fundó un recinto nuevo en un montículo junto al primer parque comunal de la ciudad: su trazado actual, de 1925, es obra de Ludwig Hoffmann. La inauguración fue multitudinaria, y en los años siguientes el gobierno prusiano prohibió acceder al recinto, que pasó a ser un símbolo del movimiento obrero. En 1918 se sumaron a los 255 caídos de 1848 otros 33 muertos como consecuencia de la revolución de noviembre, aunque no Luxemburg y Liebknecht; la RDA añadió su pincelada al recinto, con lápidas, citas y la estatua de un «marino rojo», pero por lo demás respetó el protagonismo de las víctimas decimonónicas. Como siempre, resulta triste e instructivo repasar sus escuetas historias; la mayoría eran jóvenes (un tercio no había cumplido los 24), aunque destacan por su pluralidad (hay mujeres, judíos y profesiones cualificadas). El menor, Carl Kühn, tenía solo 12 años, y 13 años Carl Eben, que era sordomudo (como Albert Leitzke, de 15 años); el más mayor, Friedrich Schönfeldt, contaba ya con 74 años. Diecisiete sumaba el intrépido Ernst Zinna, aprendiz de cerrajero y último defensor de la barricada entre su calle, la Jägerstraße, y la Friedrichstraße. No podemos saber si a Ernst lo movió la convicción política o la osadía juvenil; se le había otorgado una medalla por salvar a dos personas de morir ahogadas. Quizá también por ello, la RDA quiso elevarlo a héroe modelo; varias escuelas llevaron su nombre, como ahora el camino que conduce al cementerio desde la cercana clínica.

Durante el invierno de pandemia me adentré a menudo en el cementerio judío de la Schönhauser Allee, que reemplazó al antiguo de la Große Hamburger Straße y sería a su vez reemplazado por el de Weißensee, el mayor conservado en Europa (con más de 116 000 tumbas). La tradición judía respeta la acción del tiempo en las sepulturas, que han de permanecer inalteradas; este recinto, emparedado entre bloques residenciales, es particularmente tupido, y resulta a la vez solemne y melancólico. Acoge a figuras clave en la historia de Berlín, como el editor Leopold Ullstein o el mecenas James Simon (fue quien donó el busto de Nefertiti); también al compositor Giacomo Meyerbeer, al pintor Max Liebermann y a Gerson von Bleichröder, banquero de Bismarck y primer judío no bautizado que obtuvo el «von» hereditario en Prusia. Su epitafio, libre de falsa modestia, conmueve con el vigor elemental del lenguaje bíblico: «Fue un hombre; / Un refugio en la tormenta, / Amparo en la tempestad. / Como arroyos en la sequía, / Como la sombra de una / Poderosa roca / Sobre el suelo mustio, / Así actuó».

Pero ningún hallazgo de aquellos meses en que Berlín estuvo semiparalizado me impresionó tanto como el del Georgenfriedhof. Gran parte de lo que hace tan especial a la ciudad se condensa en ese recinto único: la destrucción, el abandono, los vacíos; pero también cierto vitalismo lúdico e irreverente, el protagonismo de niños y espontáneos, la diversidad, el colorido. Inaugurado en 1814 al noreste de Alexanderplatz, acogió tumbas de rango, pero sufrió severos daños por los bombardeos durante la guerra. En 1970 fue cerrado; se reabrió tras una concienzuda rehabilitación parcial en 1991. Las protestas de los residentes frenaron los planes de edificar en áreas ya no utilizadas, que han seguido en estado prácticamente silvestre hasta hace poco. El contraste entre la gravedad de sus panteones monumentales (como el de la familia Pintsch en forma de templo clásico, que se ve desde la calle), el carácter agreste de ciertas zonas (en las que solo las lápidas que asoman aquí y allá recuerdan que no se trata de un bosque), y las espectrales y oxidadas verjas de los sepulcros abandonados, constituye uno de los encantos más inmediatos del recinto. Pero los hallazgos que reserva son de otra índole. Empiezo por esta inscripción en un ala del panteón de la familia Zeitler, digna de un historiador materialista y que no me resisto a traducir en su integridad:

> La feliz Guerra germano-francesa de siete meses en 1870-71 d. de J.C. dio lugar a tantas nuevas obras

en la capital de Reich que los trabajadores escasearon y mediante ceses del trabajo obtuvieron salarios más elevados y menor jornada.

La construcción de este sepulcro —abajo 2 rods, arriba 14 pies de largo, 12' de ancho, 24' alto— quedó paralizada hasta otoño de 1872, los canteros no trabajaban en verano, su salario semanal subió de 6 a 14 táleros. Artesanos de la construcción obtenían 5-6 en vez de 2 gros la hora, trabajadores ahora 3½-4, antes 1½ gr. Ladrillos macizos costaban al inicio de la construcción 8, luego 25 táleros por 1000.

Durante su construcción se modificaron medidas, pesos y dinero. El rod (=12'=144 pulgadas) fue desplazado por el metro de 100 fracciones (3' 2¼" largo), el cuarto por el litro (=□Qu) el quintal (=100 libras 3000 lot) por kg (=2l b). El pago en táleros de plata (=30 gr=360pen) fue reemplazado por la moneda (marco) oro (1 tál=3 marcos=300 pen).

Nuevas leyes surgieron. La certificación de nacimiento, boda, muerte pasó de la Iglesia al Estado. Un Código Penal para todos los alemanes. Solo en 1900 un Código Civil.

Uno de los sepulcros que mejor ha resistido el paso del tiempo es el panteón de la familia Riedel, junto a la entrada desde la Wimsstraße. Su impactante escultura, en la que un ángel levanta la tapa de un ataúd para la resurrección, es de las más logradas que recuerdo en un cementerio. Pero su mensaje cristiano de esperanza palidece frente a lo que se extiende al otro lado del portón, donde una asociación vecinal alquila el terreno para que lo cultiven niños (como recuerda orgulloso un cartel: «Hier gärtnern Kinder»). Incluye una zona de apicultura, con cajoneras recicladas a colmenas: en 2021 se vendía miel a través de un número de móvil.

En abril de 2014 se inauguró un espacio exclusivo para lesbianas, por iniciativa de otra asociación que quiso visibilizar así esta opción amorosa y con apoyo expreso del párroco evangélico. Es un jardincito recoleto sin muchas tumbas, pero casi todas lucen fotografías y símbolos y transmiten determinación. Muy cerca de allí, desde el principio me llamó la atención una tumba especialmente pintoresca. No ya por la tupida yedra y sus guijarros plateados, ni siquiera por lo atípico de sus figuritas (una lechuza, un Buda, elefantes), sino sobre todo por los caracteres entre lúdicos e infantiles con que se había repintado la lápida: «Gustav Schröter / * 24.6.1877 / † 25.11.1911 / Musiker». Supuse que también era obra de niños, y un día pregunté a un hombre que llenaba una regadera al lado, pensando que era un empleado. Respondió irónico y sin malicia: «No, soy solo un vecino. Pero me ocupo de algunas almas en pena de este lugar». Había investigado un poco sobre el músico y restaurado su tumba por su cuenta, y se pasaba regularmente a cuidarla. Confieso que nunca lo hubiese deducido de su atuendo: gorra de cuero, falda escocesa, botas y medias negras bajo las rodillas, y una camiseta rajada hasta el ombligo que mostraba el pecho entero tatuado. Desde entonces nos cruzábamos a menudo, y nos saludamos siempre con complicidad.

Al otro lado de la tapia, casi todas las tumbas recientes tienen un toque efusivo. La más chocante para quienes venimos de la tradición católica, más dada a lo taciturno y la admonición del *memento mori*, bien puede ser la de un *skater* fallecido con solo 41 años. Junto al monolito con su nombre, las fechas, y una leyenda en chino, sus amigos plantaron una tabla con fotos y pegatinas; la de arriba del todo, firmada por «Gunnar + Elle», reza: «Por buenas sessions / y tiempos de desfase». Pero la que más me conmovió fue la tumba del joven Yuri, fallecido una semana antes de cumplir los dieciséis años. En su cuidada tumba, cerca del extremo superior del pasillo central, su familia dejó escrito: «La separación es ilusoria».

Cuando volví por última vez en abril de 2024, pude registrar bastantes cambios. Se han desbrozado zonas y retirado abundante madera muerta. La huerta infantil sigue incorporando novedades, artesanales y sofisticadas: bancales para todo tipo de plantas, frutas y verduras, un hotel para insectos. La esquina de las lesbianas ha añadido un par de tumbas, lucidas y reivindicativas. Directamente frente a la entrada van extendiéndose las nuevas fórmulas para los miembros de la parroquia: ladrillos de colores apilados en espiral, círculos que cada cual adorna a voluntad, con flores y recuerdos personales, con símbolos y guiños, en cualquier caso siempre con ese espíritu vivaracho y desenvuelto. Sigue modificándose la tumba de Gustav Schröter: los elefantes y la lechuza cambian de posición, se ha retirado el lecho de piedras plateadas y repintado la leyenda; ahora una suerte de abalorios azulados jalonan la losa como un rocío esperanzado. El tiempo y los elementos han eliminado del todo la pegatina en la tabla del *skater*. La estela de madera de Yuri ha dejado paso a una extraña lápida de plexiglás en la que apenas se distinguen nombre y fechas, ya sin la inscripción que tanto me conmovió. Quizá la separación no sea del todo ilusoria. Pero hasta el duelo puede teñirse del color que aportaron nuestros seres queridos, y la memoria de la pérdida, encerrar un mensaje de utopía.

UTOPÍAS

Berlín siempre fue foco y escenario de múltiples utopías. Ya durante el imperio, en el apogeo de un régimen militarista, patriotero y autoritario, la ciudad fue la cuna de todo tipo de movimientos políticos y formas de vida alternativas; a comienzos del siglo XX era la capital mundial indiscutida de la subcultura gay y el nudismo (lo sigue siendo en gran medida, pese a los turistas), y en el corto verano de la anarquía de 1990 o en los primeros años 2000 (cuando hizo gala de ser «pobre, pero sexi», según el lema acuñado por su dicharachero alcalde Klaus Wowereit) generó un bullicio creativo que poco tuvo que ver con el estereotipo de una Alemania eficiente y plomiza. Pero lo que perdura más allá de esas oleadas de espontaneidad es su continua pugna con el modelo de la ciudad decimonónica, que llevó a cabo en grado mucho mayor que otras. Harald Bodenschatz resume: «el desarrollo urbanístico de Berlín en el siglo XX ha de interpretarse ante todo como disputa cultural y práctica con la ciudad del siglo XIX», lo que la distinguiría de las demás capitales de Europa. Ahí es donde cabe rastrear una sucesión única de utopías urbanas, de ensayos mediante los que redefinir la convivencia y los distintos modos de habitar una metrópoli moderna.

La crítica a la «ciudad de los cuarteles de alquiler» se estuvo dando desde mucho antes de la Primera Guerra Mundial, y hemos visto ya algún ejemplo de urbanizaciones concebidas como alternativa a los insalubres bloques denostados. La mayoría abogaban por rebajar la densidad e introducir parcelas verdes, algo perfectamente razonable y sin embargo difícil de conciliar con las dinámicas económicas de una gran urbe. Pero con la Primera Guerra Mundial se paralizó la construcción privada (los alquileres congelados no dejaban margen de beneficio), y el acceso al poder de la socialdemocracia dio paso a un impulso público que iba a caracterizar los años de la República de Weimar. Una vez estabilizada la economía tras el paroxismo de la hiperinflación, y sin llegar a las cifras de la llamada «Viena roja», la construcción de vivienda pública cobró un protagonismo inédito en Berlín, y sobre todo sentó pautas perdurables. Se ha criticado la insuficiencia del esfuerzo, pero entre 1925 y 1931 se edificaron en la capital 146 000 viviendas, casi todas con dinero público; entre 2013 y 2019, con una demanda no menos acuciante y un gran peso de la iniciativa privada, solo 91 140. El adalid de esa vigorosa campaña fue el responsable de obras públicas de la ciudad, el arquitecto Martin Wagner (1885-1957).

La urbanización de vivienda social no es un proyecto novedoso (la Fuggerei de Ausburgo viene funcionando desde 1521). Lo que distingue al Berlín de Weimar son el número y la calidad arquitectónica de las soluciones ensayadas (seis urbanizaciones de esa época fueron declaradas Patrimonio de la Humanidad por la Unesco en 2008, y eso que en un principio no se incluyó alguna de las más originales, como la Cabaña del Tío Tom de Bruno Taut), y el programa político a la base, propiamente socialdemócrata: la convicción de que la revolución técnica vuelve superflua la revolución social, ya que el taylorismo aplicado a la construcción basta para abaratar los costes de la vivienda y ofrecer estándares muy dignos a la clase trabajadora. El ideal estético asociado es igual de racionalista: en palabras de Wagner, «Rechazamos el ideal de belleza de la burguesía con su acento en lo personal, lo caprichoso y lo característico. Nuestro ideal de belleza ya no es la casa acentuadamente individual, sino la suma de las casas, el espacio de la calle, las plazas y la ciudad».

El programa de vivienda se financió en buena parte mediante un impuesto sobre inmuebles anteriores a la guerra (los propietarios habían sido los grandes beneficiarios de la inflación). Pero, al repercutirse este directamente en los inquilinos, las capas menos pudientes acabaron subvencionando a los trabajadores cualificados y empleados, únicos que podían pagar las nuevas viviendas. Y estas solían quedar en la periferia: explotar los métodos tayloristas requería de superficies amplias que no abundaban en el centro. En el fondo, esto también era programa: el movimiento de la ciudad jardín, del que provenía el arquitecto Bruno Taut, siempre había apostado por volver a modelos rurales de casita con jardín, argumentando que ello mejoraría la alimentación de las capas populares (el arquitecto paisajista Leberecht Migge calculaba que un huerto de 400 m^2 podía cubrir la necesidad alimenticia anual de una familia de cinco miembros). En realidad se trata de una involución antiurbana: en lugar de corregir las disfunciones de las ciudades bajo un capitalismo industrial desaforado, se simulaban idilios campestres en sus márgenes. Y, puesto que la construcción a gran escala siempre resulta más barata en la periferia y en terrenos aún no urbanizados, el modelo iba a dominar durante décadas, imponiendo una distribución que, como señala Álvaro Sevilla-Buitrago, «giraba en torno a dos extremos: por un lado, el centro de la ciudad, repleto de vibrante actividad comercial y rebosante de vida nocturna; por otro, un universo periurbano de apacibles enclaves residenciales, pulcros, ordenados e inactivos». Un contemporáneo especialmente perspicaz, Siegfried Kracauer, habló en su pionero estudio *Los empleados* de «un mundo del que hasta en el último rincón se ha limpiado como con una aspiradora el polvo cotidiano».

El proyecto estrella de Martin Wagner y Bruno Taut, la Hufeneisensiedlung (la urbanización de la herradura, 1925-1933), ilustra las ambivalencias del modelo. En los terrenos de una antigua finca se erigieron casi 2000 viviendas; se hizo un uso pionero de cintas transportadoras y una excavadora (a los pocos años, para las obras de la primera autopista alemana entre Colonia y Bonn, el entonces alcalde Konrad Adenauer impuso la renuncia a tales máquinas: le interesaba contratar a más trabajadores y así reducir el desempleo), y la tipificación en módulos permitió abaratar los costes de unos edificios sobrios pero confortables en los que el elemento decorativo básico, y la marca de la casa de Taut, era el color. El bloque principal en forma de herradura envuelve un estanque, y todos los demás cuentan con parcelitas diseñadas por Migge. Después de la Segunda Guerra Mundial, esas huertas salvaron del hambre a cientos de familias, y hoy miles de alemanes engrosan listas de espera para alquilar espacios verdes en colonias de casetas que proliferan por todo el país (los llamados «jardines Schreber», por el reformador que también inventó diversos aparatos con que disciplinar a los niños). Pero el remanso de paz que sigue siendo esta urbanización se logró minimizando los locales de servicios: la ratio de viviendas por establecimiento comercial superaba las 200 (en los tan denostados Meyers-Höfe era de 10 a 1, y de 5 a 1 en el abigarrado Scheunenviertel). A más de diez kilómetros del centro (cuarenta minutos en transporte público), la indudable mejora de las condiciones de habitabilidad iba ligada a una segregación sedante; las amas de casa, en particular, quedaban relegadas en barrios sin vida colectiva y en cocinas reducidas a su mínima expresión (su diseño lo inspiraron las de los trenes), que les exigían largos desplazamientos para abastecerse de productos básicos y no digamos para ir al cine o a bailar. La meta moral del urbanismo antiurbano siempre fue justamente dificultar que lo hicieran, y sin desmerecer en absoluto los méritos de Taut y Wagner, no hay que perder de vista que su apuesta enlaza por vía directa con los suburbios y *banlieues*.

La última urbanización de Taut es también la más céntrica y a mi juicio la más interesante: la

Wohnstadt Carl Legien (bautizada así en honor de un histórico dirigente sindical, 1928-1930). A diferencia de la Hufeneisensiedlung, fue insertada en un barrio densamente poblado como el Prenzlauer Berg, y por encargo expreso del cliente (una agrupación de sindicatos y cooperativas de vivienda) se impusieron bloques compactos de cuatro y cinco plantas, distribuidos en 1149 viviendas de distinto tamaño: el 80 % de una o dos habitaciones y solo 120 de entre tres y cuatro. Me complace saber que Bruno Taut iba a juzgar retrospectivamente su obra magna: a todas luces supo reconocer las prioridades de los tiempos y distanciarse de su utopía inicial de la ciudad jardín. Su sello arquitectónico se aproxima aquí más a la Bauhaus, notablemente en los extremos de los bloques con sus balcones curvos y sus ventanales de hierro: la utopía esbozada es más la producción industrial para las masas que el idilio campestre de unos *happy few*. En vez de la herradura, la estructura vehicular es su síntesis rectángula: un paralelogramo con uno de sus lados breves abiertos. Los bloques se articulan así en torno al recogimiento que permite el patio interior al que dan sus generosas logias; hacia la calle las fachadas son estrictamente lisas, y el único elemento compositivo son las ventanitas de colores, sencillas y rectilíneas como cuadros de Mondrian.

La disposición de los patios se ha ido diferenciando con el tiempo: parte del rojo lo ocupa ahora un pabellón comunitario, el azul se reparte en cuidadas parcelas, el verde sigue bastante libre salvo por el discreto espacio para los contenedores de basura y un coqueto jardincito común. La Carl Legien sí que cuenta con cafés y peluquerías en las esquinas, además de locales de enfermería y ortopedia: señal inequívoca de que la media de edad de los residentes es bastante alta. Pero también opera una guardería en un bloque externo, y en cualquier caso hay muy cerca diversos supermercados y comercios.

El que el cliente de la obra imponga sus criterios puede parecernos a la larga una ganancia, como aquí la alta densidad y el mayor número de plantas: nos recuerda que la arquitectura no es ni puede ser un arte autónomo, sino una disciplina artística al servicio de la gente. Por supuesto, también puede acabar malográndose un proyecto. Los mismos criterios que se le dictaron a Taut en la Carl Legien sirvieron para modificar los planes iniciales de Walter Gropius en la urbanización de 1962-1975 que lleva su nombre a su pesar; la significativa elevación del número de plantas y viviendas (de 14 500 previstas en principio a casi 19 000, para 50 000 personas; de un máximo de cinco plantas hasta treinta) y la insistencia en destinar nada menos que el 90 % de ellos a viviendas sociales terminó de convertir el conjunto en un gueto. La responsabilidad de su hipertrofia final puede ser de los políticos, pero la de los puntos ciegos y la inseguridad claustrofóbica sí que corre a cuenta de Gropius; yo tuve ocasión de adentrarme en los infinitos pasillos de sus bloques más extensos y pude imaginarme bien la pesadilla de los residentes cuando toca convivir con vecinos conflictivos. El defecto de origen del modelo es su obsesión por despoblar la calle, como ocurre en otra urbanización patrimonio de la Unesco de 1929-1934 en que intervino Gropius, la Siemensstadt: el diseño de Scharoun anticipa ya el urbanismo desagregado que se impuso en los 50, con mucho arbolado pero ninguna articulación urbana y apenas servicios. Y esto no fue un daño colateral, sino programa: la utopía de poner fin a la ciudad moderna, con su bullicio y su promiscuidad.

La continuidad entre las urbanizaciones de los años veinte y las de la posguerra la quebró parcialmente el nazismo, pero conviene detenerse en la visión de Wagner de un urbanismo funcional y dinámico, adaptable a las rápidas transformaciones de la gran ciudad: la arquitectura debía concebirse como efímera y quedar amortizada en 25 años para hacer posible un nuevo giro. Este planteamiento causó furor en Estados Unidos (en gran medida a través de emigrados europeos, como Gropius y Mies van der Rohe), e iba a influir mucho en el urbanismo de posguerra. Pero quizá no haya que lamentar que la crisis de 1929 y el nazismo truncaran sus afanes más iconoclastas, y desde luego es un alivio que jamás se ejecutara el tremebundo plan de Ludwig Hilberseimer para el centro histórico, con sus monótonos bloques lineales: él mismo admitiría décadas más tarde que era «de todo punto inhumano». Atrás quedaba entretanto un intento aún más sañudo de «limpiar» Berlín.

Es difícil calificar al nazismo de utopía: su visión del mundo siempre fue agonal y despiadada. Pero hasta su convulsa belicosidad brindó cierta *promesse de bonheur*, al menos para los miembros de la comunidad de raza. Aunque por fortuna no se llegaron a materializar los planes urbanísticos de Hitler y Speer, la capital conserva diversos restos de su arquitectura monumental: el Ministerio de Aviación de Göring (casi el único que sobrevivió en la Wilhelmstraße; en él operaron varios departamentos de la RDA y hoy alberga el Ministerio de Finanzas) o la antigua sede del Reichsbank (fue sede del Comité Central del SED y hoy es el Ministerio de Exteriores de la RFA). La megalómana nueva cancillería, con el búnker que Hitler no abandonó en sus últimas semanas, la volaron los soviéticos: hoy solo queda un solar vacío con un cartel explicativo. Quizá el legado nazi más naturalmente asumido sea el estadio olímpico, con lo que ello tiene de turbador: el culto al cuerpo que preconizaron como ideario espartano sirve hoy no al esfuerzo bélico, sino al consumo. Pero su legado más decisivo fue sin duda la hecatombe mundial que provocó, relanzando la tentación de hacer *tabula rasa* y dejando abundante espacio libre para nuevas utopías.

Como primer responsable de obras públicas de Berlín en la inmediata posguerra, Hans Scharoun propuso efectivamente demoler lo que había sobrevivido y rediseñar la ciudad según los principios de la Carta de Atenas: estricta separación de funciones y una malla de «células habitacionales» con abundante verde en medio. Esta utopía antiurbana chocó con el peso de lo fáctico: con el trazado subterráneo de la ciudad intacto en buena medida (sobre todo las redes de agua y saneamiento) y miles de personas viviendo en la calle o entre ruinas, los responsables políticos no estaban para experimentos. La primera urgencia fue desescombrar, restablecer servicios básicos, y ofrecer un techo al máximo de gente, por lo que la construcción de los primeros años fue bastante humilde. Solo en los años cincuenta empiezan a surgir edificios señeros en la ciudad dividida, que desde luego cabe leer como signos de la pugna entre sistemas: protagonismo de la iniciativa privada frente a dirigismo gubernamental. Una de las mejores muestras de la primera es la sede de la Allianz en la Joachimstaler Platz (Alfred Gunzenhauser y Paul Schwebes, 1955), que inspira otras torres de oficinas en el Kurfürstendamm: compensa sus catorce plantas retirándose de la esquina para liberar una plazuela (una solución tan lógica como deferente en el nuevo centro de negocios) y a la vez seduce con una arquitectura límpida y equilibrada, llamada a encarnar las virtudes de la democracia de mercado frente a la apelmazada pompa guillermina y el gigantismo nazi. Pero la apuesta por un programa de vivienda a gran escala llegó desde el este, y su proyecto-faro fue la avenida Stalin.

Severamente arrasada por la guerra, la principal arteria este-oeste de la ciudad recibió el nombre del dictador soviético por su 70.º cumpleaños, recién fundada la RDA y en el momento en que se estaban concluyendo sus primeros bloques de vivienda: las casas de galerías diseñadas por Ludmilla Herzenstein según el plan de Scharoun. Pero su humildad funcionalista resultaba incompatible con el carácter emblématico al que se aspiraba. Una delegación de urbanistas fue convocada de urgencia a Moscú para recibir un rapapolvo de los planificadores soviéticos. El resultado fue el entierro definitivo del plan Scharoun y la formulación de los «dieciséis principios del urbanismo» que, aunque fueran dictados por una dictadura asesina, contienen correcciones esenciales de la Carta de Atenas bien reivindicables hoy: la tesis de que cualquier plan urbano debe tener en cuenta la estructura histórica de la ciudad y a la vez aspirar a corregir sus carencias (5), la constatación de que «transformar la ciudad en un jardín es imposible» (12), o de que «la construcción en varias plantas es más económica que la de una o dos plantas» (13). En su ansiosa búsqueda de una pauta estilística que cumpliese la consigna impuesta por Moscú (ser «democrática en el contenido y nacional en la forma»), los dirigentes de la RDA vieron el cielo abierto en la torre de ocho plantas de Hermann Henselmann en la Weberwiese, con sus guiños a Schinkel y sus revestimientos de porcelana de Meißen. Si bien el concurso para diseñar la Stalinallee lo ganó Egon Hartmann, Henselmann fue nombrado coordinador general y él mismo asumió las torres de la Strausberger Platz, donde residiría. Sobre el oportunismo de Henselmann al adoptar el realismo socialista han corrido ríos de tinta; ningún comentario mejora el suyo propio, siempre brillante y sobrado, en una entrevista de los 90:

«Si usted quiere mierda, yo le hago mierda mejor que la competencia». Para ser justos, el conjunto de la actual Karl-Marx-Allee (hoy monumento protegido) no es «mierda»: es una versión ingeniosa de la monumentalidad soviética y de la utopía de erigir palacios para los trabajadores, y como bulevar tuvo un aire de urbanidad en sus mejores años que hoy lastran las nuevas formas de consumo y el balance demográfico (el grueso de sus inquilinos son ya jubilados). Pero sí resultaba impagable a gran escala, y desde los años 60 su arquitectura fastuosa fue sustituida por la construcción industrial en módulos prefabricados que domina el siguiente tramo hasta Alexanderplatz. La avenida Stalin ingresó en la memoria colectiva gracias a la épica de su construcción, emprendida con mucho trabajo voluntario y gran escasez de material, con una sola mezcladora de cemento; en las rehabilitaciones se han encontrado raíles de tranvía reciclados como vigas y una mezcolanza de cascotes. Pero la doble paradoja es que fue una huelga de sus obreros la que desató la revuelta del 17 de junio de 1953 (que sacudió el régimen de la RDA y solo pudo ser sofocada por los tanques soviéticos), y su ambición y su relativo éxito propagandístico activaron la respuesta occidental, primero en forma de programa de vivienda y pronto más allá.

Es importante insistir: durante esa primera fase de la Guerra Fría (al menos hasta el sofocamiento de la revuelta húngara en 1956), la propaganda occidental *reaccionó* a la iniciativa soviética, que supo hacer bandera de las demandas sociales (y del pacifismo mientras solo Estados Unidos dispuso de bombas atómicas). Los proyectos iniciales de vivienda pública en Berlín Occidental fueron una respuesta a los del sector oriental, y lo cierto es que no volvieron a alcanzar los estándares de los años de Weimar. La primera urbanización se erigió en el Wedding, no por casualidad justo en el límite entre sectores: es la Ernst-Reuter-Siedlung, quizá la más digna de las que iban a alzarse a ese lado de la Bernauer Straße. El afán por derribar lo existente y hacer *tabula rasa* no carecía de toda justificación: cuando se emprende el plan, en 1955, el 43 % de las viviendas del distrito tienen una sola habitación; el 82 %, no más de dos y cocina. Con los 30 162 habitantes de pisos de una sola habitación viven subarrendadas otras 14 323 personas; el 21 % de los escolares de primaria, entre 6 y 12 años, carecen de cama propia. Los bloques que iban a reemplazar a los antiguos rara vez cuentan con algún valor estético, y desdeñan claves importantes de la articulación urbana: pero es innegable que mejoraron con mucho las condiciones de habitabilidad de las viviendas.

La dimensión social de estos programas, sin embargo, nunca pudo disociarse (al igual que en el Este) de la propagandística: la voluntad de transformar Berlín Oeste en escaparate del «mundo libre» hizo que el capitalismo adoptara un programa estético más táctico que sincero. La respuesta expresa a la Stalinalle como conjunto residencial fue el Hansaviertel, un despropósito antiurbano (por mucho que los firmantes de sus solitarios de cemento fueran los corifeos del movimiento moderno: Aalvar Aalto, Walter Gropius, Oscar Niemeyer, Max Taut). Mucho más interesante es el faro erigido en paralelo justo en la frontera entre sectores, la actual Haus der Kulturen der Welt: concebido como uno de los edificios-símbolo tan socorridos hoy, encarnó como ninguno la nueva estrategia estadounidense en la Guerra Fría. La madre de la idea era la comisaria Eleanor Dulles, hermana del ministro de Exteriores (John Foster) y del director de la CIA (Allen); a las bazas propagandísticas y los logros reales de la joven RDA quiso oponerse la bandera de la libertad, y muy en particular de la libertad de expresión, proclamada prioritaria. De ahí que, aunque primero se decidiera erigir un edificio impactante y solo luego se pasara a designarle un uso, el resultado fuera un Palacio de Congresos, un espacio de diálogo abierto que encarnara la utopía de una democracia liberal. El arquitecto Hugh Stubbins entendió perfectamente el plan: «En realidad era un edificio de propaganda dirigido a los soviéticos, que estaban apenas a un kilómetro». Su espectacular cubierta en paraboloide hiperbólico debía encarnar al mismo tiempo el amparo estadounidense a la libertad de expresión y demostrar su superioridad ingenieril; las instalaciones fueron dotadas de un nivel técnico en telefonía, espacios para radio y televisión o cabinas para intérpretes que por aquella época solo tenía la sede de la ONU en Nueva York. Los soviéticos entraron al trapo: las sesiones del Bundestag en el flamante Palacio de Congresos las perturbaban MIG que se aplicaban a romper la barrera del sonido sobre el auditorio, impidiendo el diálogo y provocando más de un *shock* nervioso. Resultó tentador culpar a esos vuelos cuando en 1980 se derribó con estrépito la cubierta, matando a una persona e hiriendo a otras. Pero el peritaje señaló sin tapujos los severos defectos de estática: su diseño había supuesto un reto constructivo mayúsculo, hubo recelos a la hora de otorgar el permiso, y el método con que se acabó llevando a cabo ni satisfizo al arquitecto ni resistió el paso del tiempo. Aunque hubo quienes se alegraron de ver desaparecer semejante símbolo de la Guerra Fría, el senado optó por reconstruirlo, si bien al precio de otorgarle un nuevo uso: acoger un diálogo global y dar espacio a otras culturas en el mundo multipolar que pronto iba a hacerse evidente al caer el Muro. Hoy el Palacio resulta algo desmesurado en una ciudad que goza de puntos de encuentro más céntricos, pero la inmensa terraza frente al río sigue teniendo su encanto, como el restaurante con su estación de barco de vapor. Dentro no termina de verse la lógica de la distribución espacial, pero es que ese fue justamente el objetivo: acumular perspectivas diáfanas y posibilidades de confluir, esquinas en las que sentarse a dialogar. El gran defecto del recinto, como el de casi toda la arquitectura moderna de entonces, es que no guarda relación alguna con el conjunto de la ciudad: hay que acudir expresamente allí y opera como un enclave o avanzadilla, que es lo que a fin de cuentas era.

La respuesta oriental al Palacio fue la sala de congresos de Henselmann junto a la Casa del Profesor, que propone esencialmente lo mismo sin la exhibición formal de Stubbings: diáfano en toda su planta baja, con su cúpula a modo de planetario, el primer edificio de acero y cristal de la RDA encarna su breve fase de modernidad internacional antes de que la URSS impusiera la construcción en módulos prefabricados. En la novela homóloga que tanto inspiró Henselmann,

Franziska Linkerhand, tras su discurso en el congreso, «nada entre bancos de fumadores por el acuario y contra el vidrio tras el que Berlín volvía a ejercer de gran ciudad», sale al exterior cuando alguien abre «la puerta con los pomos del tamaño de platos, relucientes como el oro», y se topa con su amante en Alexanderplatz. El pasaje es certero porque la gran baza del edificio de Henselmann es su ubicación: fomenta diálogos y encuentros más allá de los planificados. Después de décadas de desangrar los centros urbanos construyendo equipamientos culturales en la periferia, es una lección que conviene no dejar de repetir.

Lo que no deja de construirse en la periferia es la vivienda social: resulta mucho más barato y no se vacila en expulsar del centro a las clases menos favorecidas. Berlín conoce todo tipo de ejemplos malogrados, desde el Märkisches Viertel y la Gropiusstadt en el Oeste a Marzahn y Lichtenberg en el Este tras la caída del Muro. Antes también se construyó a su lado: un caso muy interesante es la Highdeck-Siedlung, concebida como alternativa utópica a modelos que ya entonces empezaban a considerarse problemáticos y hoy monumento protegido: bien dotado de escuelas, guarderías y comercios, adecuado a las familias, distribuye en dos alturas el tráfico rodado y el de peatones. La solución es ingeniosa, pero el empeño en reservar el barrio a rentas bajas hizo de él un gueto, y sus plataformas peatonales elevadas, zonas conflictivas: si se desatiende el factor social, las zonas comunes pueden volverse una pesadilla. Solo gradualmente ha ido calando que el problema está en la propia periferia, y no en sentido banal y geométrico (en toda ciudad hay barrios más alejados del centro), sino en el de *segregación*: por excluir en función de la renta y el acceso a los servicios. Y a ese respecto, la ciudad que concibió Hobrecht se ha revelado muy superior: su trazado de calles anchas y bloques compactos de cinco pisos, con locales comerciales en los bajos, favorece estructuralmente la mezcla social y el comercio de proximidad, justo lo que deniega el insostenible modelo suburbial.

La desatención de los centros urbanos tradicionales terminó por generar nuevas respuestas utópicas en la década de 1980: muchos inmuebles vacíos que aguardaban su derribo fueron *okupados* por jóvenes bohemios y activistas tanto en el Oeste como en el Este (los barrios de Kreuzberg y Prenzlauer Berg cimentaron entonces su leyenda como foco de escenas alternativas). La caída del Muro y la breve fase de anarquía que siguió afianzaron incluso ese impulso; pero, tras la reunificación, la política de «restituir antes que indemnizar» convirtió de pronto en propietarios de inmuebles en Berlín a herederos remotos en el Oeste. Desde entonces, la capital alemana ha vivido un «gran reemplazo» bien distinto al que propalan los conspiranoicos de la ultraderecha: con las desaforadas subidas del alquiler (del 18,3 % solo en el último año), el grueso de los residentes se han visto forzados a abandonar sus viviendas, acaparadas en grado creciente por inversores y fondos, y ocupadas ahora por clases pudientes. El fenómeno viene adquiriendo tintes dramáticos y vuelve a poner de manifiesto la centralidad de la cuestión de la propiedad: en Alemania, un país en que la inmensa mayoría de la población vive de alquiler, pero los legisladores y jueces suelen ser propietarios (aunque el sufragio censitario se abolió hace más de un siglo), el 90 % de los millonarios han hecho su fortuna con negocios inmobiliarios: imaginemos solo el juicio que merecerían si la hubiesen hecho especulando con medicinas o alimentos. Desde la llamada crisis del euro, los numerosos inmuebles vacíos que hicieron de Berlín la capital más barata de Europa pasaron a ser atractivos para el capital que huía de los países del sur. Buena parte de la vivienda libre construida ni siquiera se usa para residir de forma duradera, sino como inversión, como futuro nido de los hijos o destino de fin de semana, y desde luego como piso turístico: mientras no se regule ese mercado con mucho mayor rigor, seguirá siendo más rentable el alquiler puntual, y las familias no encontrarán vivienda asequible en una ciudad muy tensionada por el turismo. Mi propia suerte ilustra cómo nadie es inmune al torbellino: aunque al mudarme en 2013 quise creer que el barrio ya estaba lo bastante gentrificado, a los ocho años mi casera consideró oportuno echarme para volver a alquilar el piso a un precio muy superior pasado el plazo preceptivo. Si a lo largo del siglo XX Berlín fue referencia mundial en ensayos de utopías urbanas, hoy lo es más bien por los intentos de garantizar el derecho a la vivienda: el frustrado tope al alquiler, o el referéndum forzado y ganado para exigir la expropiación de grandes tenedores (más de 3000, básicamente el gigante Deutsche Wohnen) que desestima aplicar el nuevo alcalde. Pero el problema no va a resolverse solo, y nos atañe a todos.

RESCATES

Todo proyecto utópico encierra un deseo de ruptura con lo heredado, y entre las grandes ciudades europeas, a Berlín la caracteriza el particular encono con que se trató de superar su estructura decimonónica y sus legados políticos. Pero ni en sus momentos más iconoclastas fue esa la única fuerza motriz. A nivel urbano y discursivo, la historia reciente de la ciudad entrelaza dos voluntades: la de hacer *tabula rasa* con el pasado y la de preservar o rescatar lo que se juzga digno de ello. Tanto las actuaciones urbanísticas como los dispositivos de memoria comparten una dimensión política, lo que no significa que esta sea reconocible de antemano ni que se derive directamente de los propósitos de sus agentes. Ya hemos visto que Martin Wagner abogaba por una arquitectura efímera y reemplazable, y que Hans Scharoun quiso aprovechar la devastación de los bombardeos para hacer una ciudad sin bloques ni manzanas. Gran parte de las políticas urbanas hasta los años 80 fueron de hecho en esa línea, y solo lenta y arduamente fue cobrando peso la alternativa de la rehabilitación: puede ser muy instructivo repasar el papel que jugaron en ello fuerzas de todo el extremo político, desde grupos autónomos de *okupas* a la casa de los Hohenzollern, y estudiar cómo se ejerce la memoria histórica, desempeño que en España suscita denuestos furibundos, pero sin el que no cabría entender Berlín.

La idea de preservar los inmuebles existentes en lugar de derribarlos para erigir otros nuevos no se debió a la nostalgia ni al apego a la estética de los bloques, sino a la creciente conciencia de que esas operaciones urbanísticas solían acarrear la expulsión de residentes y el fin de un entramado social. En el Berlín dividido, el cambio de paradigma lo alentó la resistencia ciudadana a los derribos, que como es lógico halló más cauces en una democracia que bajo una dictadura, pero en el Oeste hubo de enfrentarse no solo a los poderes públicos, sino a una arraigada cultura del pelotazo. Después de haber hecho bandera abierta durante décadas de la *Kahlschlagsanierung* («renovación de desbroce»), Berlín Occidental empezó a promover también el modelo de «rehabilitación cuidadosa» acuñado por el arquitecto y profesor Hardt-Waltherr Hämer (1922-2012): su actuación entre 1972 y 1980 en el bloque 118 de la Klausenerplatz, preservando la estructura de la manzana y completando únicamente los huecos con edificios nuevos, supuso un punto de inflexión que serviría de referencia desde entonces. Tiende a olvidarse a menudo que el éxito de este modelo se basó de forma esencial en fomentar la participación, forzada en parte por la movilización ciudadana y en parte por la fundada aportación de expertos interdisciplinares que hacían un balance crítico de las prácticas precedentes y apuntaban nuevas soluciones. No hay que imaginarse el proceso como lineal ni como pugna entre buenos y malos, pero sí es obligado subrayar la virtud de implicar a los afectados y la renovada atención a la dimensión social de las rehabilitaciones: se priorizó el mantener alquileres sostenibles evitando renovaciones lujosas, se diversificaron las viviendas para poder acoger tanto a familias como a jubilados y estudiantes, y se eliminaron negocios ruidosos y molestos atrayendo en cambio servicios sociales, educativos y recreativos. A fin de cuentas se trata una vez más de entender la arquitectura como arte al servicio de la gente y no como exhibición de destreza, aunque la Exposición Internacional (IBA) de 1987 que codirigió Hämer con Josef Paul Kleihues hubo de conciliar las dos tendencias: en Kreuzberg se erigieron innovadoras viviendas sociales de arquitectos de renombre sin actuar sobre el conjunto del barrio, pero también se renovaron viviendas humildes a las que se dotó de estándares acordes con los tiempos, a veces implicando a los propios vecinos y a parados del distrito para mantener bajos los alquileres.

El programa de vivienda pública de la RDA ha quedado asociado sin remedio a los bloques de módulos prefabricados, los legendarios Plattenbauten: la construcción en serie fue el único modo que encontró el régimen germanooriental de cumplir sus metas. A comienzos de la década de 1980, de hecho, su número de viviendas per cápita no era inferior al de la RFA, si bien con menor número de metros cuadrados (23-26 m^2, por 32-33 m^2 en el Oeste) y a costa de una apuesta masiva por las grandes urbanizaciones en la periferia: al caer el Muro, uno de cada cuatro habitantes de la RDA residía en una gran urbanización; en la RFA, uno de cada sesenta. Pero también se ensayó tempranamente la rehabilitación, siempre con el condicionante de las limitaciones presupuestarias. En mi inmediato vecindario, la Arkonaplatz fue rehabilitada desde 1971 en adelante; hasta ese año, el 94 % de las viviendas carecía de retrete, y apenas el 40 % disponía de nicho de cocina. El programa conllevó no solo sanear los inmuebles y dotarlos de equipamientos, sino también habilitar espacios gastronómicos y comerciales, y erigir un supermercado cerca; se preservaron múltiples elementos urbanos como farolas, placas de las calles y hasta los urinarios. El punto álgido de la rehabilitación lo trajo el 750 aniversario de la ciudad en 1987: con motivo de esa fecha se rehabilitaron la suntuosa Husemannstraße y la entrañable Sophienstraße, y se reconstruyeron en estilo mixto el Gendarmenmarkt y el Nikolaiviertel. Pero ese esfuerzo agotó los recursos, y desde entonces estaba previsto volver al derribo y la construcción masiva en módulos. Solo la movilización ciudadana salvó una calle tan emblemática como la Rykestraße; tras la reunificación, el conjunto del Prenzlauer Berg pasó a ser la zona de rehabilitación urbana más extensa de Europa. Fue entonces cuando se revelaron decisivas las actuaciones previas en la Arkonaplatz o la Husemannstraße: sus estándares más que dignos frenaron intervenciones agresivas y permitieron preservar su entramado social, convirtiéndolas en epicentros desde los que se revitalizaron los barrios más solicitados hoy.

Pero una ciudad no se compone solo de viviendas. Si el afrontamiento del legado residencial ha resultado clave en el desarrollo de Berlín, la controversia sobre qué hacer con sus monumentos históricos no lo ha sido menos, y en los últimos años ha adquirido un nivel nuevo de encono: a fin de cuentas, son vectores de identidad colectiva cargados de significación política, y más allí donde se han sucedido regímenes antagónicos que se definieron en oposición a los precedentes. La paradoja es que una capital a la que en su día se le reprochó no tener historia (en la lograda fórmula de Walther Rathenau, Berlín sería *el parvenu entre las grandes ciudades y la gran ciudad de los parvenus*) alimenta hoy su leyenda con el rescate selectivo de su turbulento pasado reciente. Y los criterios varían significativamente con el tiempo, como puede verse en las muy distintas suertes que corrieron edificios señeros de Franz Schwechten (1841-1924).

A Schwechten se lo etiquetó en vida de «arquitecto favorito del káiser»; explotó como ningún otro el estilo neorrománico con que se quiso dar solera a la dinastía de los Hohenzollern. Su obra más famosa es una ruina: la Iglesia Memorial en Charlottenburg, cuya torre fue la más alta de la ciudad y coronaba un complejo que incluía el legendario Romanisches Café, frecuentado por la flor y nata literaria de entreguerras. La llegada al poder de los nazis condenó al exilio a buena parte de esta, mientras que la iglesia resultó severamente dañada en un bombardeo en 1943. Los aliados no mostraron ningún interés en reconstruir un símbolo privilegiado del imperio, y el concurso convocado en 1957 lo ganó Egon Eiermann con un proyecto que preveía el derribo total para reemplazarla por una iglesia moderna. Pero ante las protestas suscitadas se llegó a un acuerdo: preservar la ruina y erigir a sus lados la nueva torre y la capilla con vidrieras, en el estilo elegante pero humilde que encarnó la modestia inicial de la RFA. El acierto de la intervención de Eiermann se resume en que hoy muchos crean que lo de «Memorial» alude a la guerra y a la hýbris nacionalista que la provocó, como parecen sugerir la maltrecha torre antigua y el recogimiento azulado al que invita la capilla (en realidad se evoca al primer káiser, Guillermo I). Su silueta fue elevada a icono de Berlín Oeste, y solo la reunificación la ha relegado un tanto en favor de la Puerta de Brandemburgo y la torre de televisión.

La que no se salvó del derribo fue la Anhalter Bahnhof, quizá la más suntuosa de las estaciones término de la capital. Aunque un bombardeo arrasó la imponente cubierta de 62 metros, en su momento la más ancha del continente, los muros exteriores habían resistido. Pero un informe de la Oficina para la preservación de monumentos de Berlín Oeste sentenció en 1959 que «la Anhalter Bahnhof no puede considerarse una estación de trenes de valor artístico convincente o pionero del pasado siglo. De ahí que tampoco quepa justificar su conservación por razones museísticas». Pese a múltiples protestas, se volaron los restos a excepción del pórtico (restaurado en 2005); la estación de cercanías sigue funcionando por debajo.

Resulta curioso que las obras de Schwechten que han sobrevivido intactas sean así edificios industriales. De la fábrica de aparatos de la AEG en la Ackerstraße ya se ha hablado. Aún más interesante es la Kulturbrauerei, un modelo de rehabilitación para uso cultural y un vestigio privilegiado del pasado económico de la ciudad. Para 1900 Berlín era ya la mayor productora de cerveza del continente europeo (aunque su consumo per cápita lo doblaba Múnich, donde alcanzaba la friolera de 425 litros anuales); la mayoría de las fábricas operaban en el Prenzlauer Berg, donde la elevación del terreno brindaba condiciones ideales para las bodegas por la relativa profundidad y calidad de las aguas subterráneas. El fabricante más potente del país era Schultheiss, cuya sede se había ido expandiendo desde 1873 en el cruce de la Schönhauser Allee y la actual Sredzkistraße. Durante la última década del siglo XIX, se contrató a Franz Schwechten para otorgarle al conjunto un diseño representativo, en la moda neorrománica que favorecía Guillermo II. El arquitecto explotó la fórmula de la manzana cerrada otorgándole al conjunto un aire de castillo, ceñido por murallas y torres en las esquinas; las distintas dependencias de la fábrica se distribuyen con flexibilidad entre seis patios, como una ciudad en miniatura. Un potencial inmenso para nuevos usos mixtos: tras cesar la producción, ya en 1974 el complejo fue declarado monumento protegido, y sus naves acogieron una distribuidora de muebles y un club juvenil. Al implosionar el régimen de la RDA, el arquitecto Stefan Weiss aprovechó el corto verano de la anarquía de 1990 para garantizar el uso cultural presentando un plan de rehabilitación acorde; se fundó la Asociación Kulturbrauerei y el ayuntamiento aceptó alquileres reducidos por las salas. Esta forma de alternativa legal a la *okupación*, emprendiendo actividades de valor comunitario para anticiparse al desvío especulativo, se ha revelado muy fecunda en Berlín: aún más cerca de casa, pude asistir de forma habitual al cine del complejo ACUD o al diminuto Lichtblick (32 plazas, en la trastienda de una antigua carnicería). En el caso de la Kulturbrauerei, incapaz de vender el recinto con los compromisos asumidos, la sociedad fiduciaria que liquidó el inmenso patrimonio inmobiliario de la RDA hubo de acometer su rehabilitación, desde luego con generosa ayuda estatal. Pero entretanto ha sido vendida a un fondo estadounidense, y el contrato de alquiler vigente expira en 2026: una vez más, la privatización de un espacio en el que se invirtieron millones de dinero público puede acabar con uno de los grandes focos culturales del distrito, en que los usos comerciales compensan los bajos alquileres de las distintas asociaciones culturales. Basta pasarse por allí un domingo para admirar ese ejemplo de cohesión social: las familias del barrio encuentran actividades para todas las edades, desde festivales y mercadillos a cursos de danza y un teatro inclusivo en que gran parte del elenco tiene síndrome de Down. Este modelo mixto e integrador tuvo que superar en su día una enconada batalla política (un cargo de la CDU declaró que Berlín ya se había permitido «demasiados *hobbies*»); a nivel arquitectónico marcó una pauta al preservar las huellas y heridas del tiempo en lugar de ensayar una *restauración* aséptica, enfoque que vuelven a cuestionar hoy quienes aspiran a revertir la historia y restituir un ideal que nunca existió en esa forma.

La reunificación, ciertamente, supuso un antes y un después en el urbanismo de Berlín. Hay que decir que los responsables políticos se atuvieron en esencia a la reciente línea de «renovación cautelosa» y «reconstrucción crítica», dando prioridad a la «ciudad europea» con sus calles corredor (recordemos la sentencia de Le Corbusier: *Il faut tuer le rue corridor!*), sus plazas edificadas y manzanas cerradas, y la altura clásica unificada de 22 metros para los edificios. Pero la presión inversora fue tremenda; las sumas que se manejaron en esos años de fiebre inmobiliaria resultan vertiginosas hasta para la España del *boom*. Y no dejaron de cobrarse su tributo, tanto en barbaridades constructivas como en víctimas colaterales. El responsable de negociar con inversores del Senado de Berlín murió al estallarle un paquete bomba: pasaba por insobornable, desconfiaba de la mafia local del ladrillo, y se lo acusaba de favorecer a empresas extranjeras. También se cobró un alto precio el escándalo del banco hipotecario regional creado exprofeso: provocó la caída del alcalde Diepgen, legó a la ciudad una deuda de 21 600 millones de euros que hubo de asumir la ciudadanía, y un testigo clave de la empresa inversora implicada que estaba colaborando con la comisión de investigación apareció colgado de un árbol en el Grunewald. En 2002, el Senado se declaró en «situación de emergencia presupuestaria» y se entregó a una espiral autodestructiva de recortes; durante la década siguiente, Berlín se reinventó desde la penuria (un tercio de los niños vivían de la ayuda social) hasta que la crisis del euro hizo atractivos para el capital extranjero sus destartalados inmuebles.

Una vez disipados los sueños megalómanos de la década febril (los responsables locales de la CDU soñaban con alcanzar los seis millones de habitantes, o al menos eso dijeron) y con las arcas públicas vacías, la ciudad pasó a ofrecer reclamos más modestos a los visitantes, desde la escena tecno al afrontamiento crítico del pasado. Este último es un fenómeno relativamente reciente: tras la fundación de las dos repúblicas, Alemania se consagró más bien a *relegar* su responsabilidad colectiva en el nazismo y sobre todo en el Holocausto, algo que solo pudo hacerse cultivando un recuerdo muy selectivo. En la RDA ese fue el de la resistencia comunista, inflada hasta hacerla pasar por expresión del antinazismo natural del grueso de la población y plasmada en placas, monumentos y conmemoraciones. Salvo por el tardío reconocimiento a los malogrados golpistas del 20 de julio de 1944 y el masivo a los hermanos Scholl, la RFA fue bastante más parca a ese respecto, pero tras la reunificación lo impulsó con renovado brío para equilibrar su descarado revanchismo en el necesario «afrontamiento de la dictadura del SED». Desde la perspectiva de una transición tan diferente como la de España, resulta muy instructivo atender a la experiencia berlinesa.

Los cambios de régimen suelen conllevar siempre un cambio en los nombres de calles, y el

Berlín reunificado no fue una excepción. Se eliminaron los de dirigentes de la RDA (Wilhelm Pieck, Otto Grotewohl) o los del movimiento comunista internacional (Lenin, Dimitrov), pero se conservaron los de Liebknecht, Luxemburg, Ernst Thälmann y numerosos resistentes asesinados por el nazismo. Mención aparte merece la Bersarin-Platz, dedicada al primer comandante soviético de la ciudad: a fin de cuentas se volcó en garantizar el abastecimiento de la población y en poner fin a las violaciones masivas, y murió al poco en un accidente de moto. Aunque los nombres de comunistas víctimas sigan soliviantando a los sectores más beligerantes, reflejan cierta ampliación del canon memorístico tras el final de la Guerra Fría, como otros incorporados después que nunca habrían tenido cabida en la vieja RFA (de Magnus Hirschfeld a Rudi Dutschke). Menos complacencia, y hasta cierta saña, hubo a la hora de eliminar edificios distintivos de la RDA, empezando por el Ministerio de Exteriores (reemplazado por un hotel de lujo) y culminando desde luego en el Palacio de la República, además de otros tan populares como el restaurante Ahornblatt, privatizado y derruido pese a las protestas del Colegio de Arquitectos, o el espléndido centro deportivo y recreativo (SEZ) en el cruce entre la Landsberger Allee y la

Danziger Straße, vendido en 2002 por un euro a un inversor que no cumplió con lo acordado y recuperado solo en 2023 decrépito, tras una larga batalla judicial (el conjunto será demolido para construir viviendas).

Cada uno de esos casos levantó ampollas, pero ninguno como las intervenciones que resumiré ahora, cuyas polémicas trascendieron con mucho el nivel local y encierran hondas implicaciones. La avenida Unter den Linden concentra buena parte del legado monumental de la ciudad, y fue concienzudamente arrasada por los bombardeos aliados durante la guerra. El sector soviético y la RDA reconstruyeron muchos de los edificios históricos: la ópera, la universidad y la biblioteca retomaron sus funciones, y se dio un nuevo uso a edificios muy directamente asociados a la tradición militar prusiana como el Zeughaus (desde 1965 y hasta hoy Museo de Historia Alemana). También se retiraron las estatuas de reyes y generales, se rediseñó la Neue Wache, y sobre todo se volaron en 1950 las ruinas del mastodóntico Palacio Real: habría podido reconstruirse, pero Walter Ulbricht se impuso a todas las protestas y mandó demoler el mayor símbolo del pasado imperial con el que se quería romper. Solo en 1976, ya bajo Honecker, se inauguró en el solar resultante el Palacio de la República.

La Neue Wache condensa en su reducido espacio el palimpsesto histórico que es Berlín. Construida originalmente por Schinkel en 1818 como sede de la guardia real, en 1931 fue reconvertida por Heinrich Tessenow en memorial para los caídos en la Guerra Mundial: su diseño austero y grave a un tiempo, con sus placas calizas en las paredes, el suelo de lava de basalto, y tan solo una corona de roble sobre un pedestal, decepcionó a los habituados a una épica castrense, pero enlazaba bien con la de tenacidad telúrica que seguía latiendo en la Alemania vencida. Los bombardeos de la Segunda Guerra dejaron maltrecho el conjunto, y en 1948 se derrumbó el frontispicio, pero la autoridad soviética vetó los planes de derribo. Se reconstruyó en esencia el diseño de Tessenow, se retiraron las estatuas de Scharnhorst y Bülow del exterior, y se añadió al fondo la leyenda «a las víctimas del fascismo y el militarismo», aunque la RDA no tuvo empacho en activar un ceremonial de cambio de guardia como atracción turística. El diseño actual lo impuso en 1993 Helmut Kohl, que quería resarcirse del *faux pas* que supuso su visita con Ronald Reagan en 1985 al cementerio militar de Bitburg, donde yacen también miembros de las Waffen-SS. Resuelto a dotar a la Alemania reunificada de un equivalente a la tumba del soldado desconocido, donde los jefes de Estado extranjeros pudiesen depositar su corona de flores, Kohl declaró la Neue Wache memorial central de la república y hasta impuso su diseño, alegando que la imposibilidad de alcanzar un consenso en tema tan sensible legitimaba al gobierno federal para decidir en solitario. Las protestas fueron sonadas no solo por la elusión de un debate parlamentario, sino por la fórmula elegida: a nadie se le escapó que el nuevo lema («A las víctimas de la guerra y la tiranía») venía a equiparar a *todas* las víctimas (las del nazismo y la Wehrmacht, las de los bombardeos aliados y el Ejército Rojo, y por supuesto, sin pudor alguno, las de la dictadura germanooriental). La astuta contrapartida consistió en reemplazar el monolito central por un motivo ampliado de Käthe Kollwitz, artista muy ligada al antifascismo (hoy lo llamaríamos «apropiación cultural»), y colar así de paso un símbolo católico (la propia Kollwitz hablaba de que le había salido una *Pietà*) en el mismísimo centro de la secularizada capital.

De entre todas las objeciones aducidas no me interesa tanto aquí la crítica a la ampliación de la figura original con la distorsión que ello conlleva (se cuadruplica la altura, pero mucho más el volumen: de la intimidad recatada a lo monumental), ni las ambivalencias que encerraba el exorcismo personal de Kollwitz (que perdió a su hijo en la Gran Guerra tras autorizar que se alistara voluntario siendo aún menor de edad, frente a la oposición del padre). Lo relevante es que con el motivo de la *Pietà* queda claro que no se apela a la empatía con las víctimas judías o no cristianas, sino fundamentalmente a la cohesión entre alemanes; la reconciliación buscada es nacional, y a fin de cuentas autoexculpatoria. Al menos los herederos de Kollwitz, pacifistas convencidos como ella, condicionaron su permiso a la ausencia de símbolos o ritos militares, lo que sigue vetando la restitución de las estatuas de los generales que algunos reclaman hoy sin tapujos. Por lo demás, Kohl se salió con la suya, aunque quizá las protestas no fueran en vano: entretanto la RFA no ha dejado de erigir monumentos a colectivos de víctimas específicas del nazismo, desde el bosque de estelas junto a la Puerta de Brandemburgo (convertido, quizá de modo inevitable, en un inmenso parque para selfis) al discreto estanque junto al Reichstag que homenajea a los sinti y romaníes asesinados.

Pero el debate sobre el diseño de la Neue Wache se recordará como un modelo de disputa académica y ponderada si lo comparamos con las desavenencias que suscitó la reconstrucción del Palacio Real. No es para menos: se trata del proyecto cultural más caro del país (casi 700 millones de euros, frente a los 400 inicialmente aprobados), pero sobre todo de un palmario intento de revertir el curso de la historia y restituir en pleno centro de Berlín la sede de la monarquía formalmente abolida en 1918. La voladura del Palacio Real en 1950 fue una decisión política y polémica, pero su sustituto, el Palacio de la República, llegó a ser durante su breve vida un edificio muy popular: además de la sede de un parlamento inoperante (en la RDA decidía el Comité Central del SED), sus numerosos restaurantes, salas de concierto, teatro y exposiciones atrajeron a 60 millones de visitantes en solo catorce años. Pero en 1990 fue cerrado porque en su construcción se había empleado amianto, como era habitual en esa época; la descontaminación no se emprendió hasta 1998. Entretanto había ya en marcha una enérgica campaña mediática para reproducir su antecesor barroco. El empresario Wilhelm von Boddien hizo recubrir en 1993 todo el edificio cerrado de una lona de poliéster con la imagen del Palacio Real: una forma muy plástica de anticiparse a las decisiones. Una comisión de expertos abogó en 2002 por reconstruir el perímetro original del edificio, aunque solo gracias al voto de calidad del presidente y a la ausencia de 8 de sus 23 miembros (incluyendo a dos cargos socialdemócratas reacios al proyecto que se plegaron a la voluntad del canciller Gerhard Schröder). Basándose en ese dictamen, el Bundestag decretó la reconstrucción de tres de las cuatro fachadas barrocas del Palacio para albergar una nueva institución bautizada como Humboldt Forum, dedicada a las culturas no europeas (una concesión con miras a asegurarse el decisivo voto de Los Verdes). En ningún momento se aprobó reconstruir también la cúpula, un añadido de 1848, pero el concurso arquitectónico de 2008 eligió por unanimidad la propuesta de Franco Stella, que preveía la reproducción íntegra de las tres fachadas y el pomposo cimborrio con su cruz dorada y el lema elegido en su día por Federico Guillermo IV: «No hay otra salvación, ni hay otro nombre dado a los hombres que el nombre de Jesús...». Lo que me asombra es que haya quien aún quiera darle una justificación racional a este desquite grotesco. El argumento de la fidelidad histórica no se sostiene: el Palacio Real jamás tuvo la forma actual, y no hay fidelidad en revertir la Historia para idealizar un pasado contaminado por ideologías tanto o más mortíferas que el amianto.

El bienintencionado Humboldt Forum, entretanto, resulta algo obsoleto con el debate poscolonial: buena parte de los objetos que debía exhibir proceden del expolio de África, algunos ya han empezado a ser devueltos, y en cualquier caso pegan tanto en un simulacro del Palacio de los Hohenzollern como una muestra de arte precolombino en El Escorial. Lo que revela todo este dispendio es el renovado auge de una tendencia inquietante, la misma que late tras otros proyectos polémicos como la reconstrucción de una parte del casco antiguo de Frankfurt o la Garnisonkirche de Potsdam: en todos esos casos, el impulso y las donaciones privadas vinieron en medida significativa de fuerzas ultranacionalistas o de extrema derecha, ansiosas por contrapesar la tardía memoria de los crímenes cometidos por alemanes con un Disneyworld aséptico, pero central, capaz de sugerir una visión «limpia» de las glorias pasadas.

Pero no todas las operaciones de rescate parten del Estado ni de los nostálgicos de la monarquía prusiana: en Berlín fueron iniciativas de la sociedad civil las que dieron lugar a la Topografía del Terror o al Memorial del Muro, a la Kulturbrauerei o al museo de Otto Weidt. No puedo dejar de aludir otra vez a la admirable labor de la Fundación Unterwelt, que ha rescatado del olvido búnkeres (los llegaron a vaciar de escombros con las manos), el gasómetro de Kreuzberg, o los túneles bajo la Bernauer Straße. Hay casos casi pintorescos de iniciativas privadas, como el búnker de la Reinhardtstraße: en 2003 lo compró el mecenas Christian Boros, se hizo erigir en el tejado un *penthouse* inspirado por el pabellón de Mies en Barcelona, y muestra su colección de arte contemporáneo en visitas de pago pero de horarios casi continuos (yo logré adentrarme en una jornada de puertas abiertas; las salas de hormigón con sus teléfonos de época impresionan). Es este dinamismo participativo el que debería caracterizar a una sociedad democrática y alerta, al margen de que nos convenzan más o menos algunas de las soluciones acordadas: a fin de cuentas, una ciudad es también un espacio en que se dirimen visiones contrapuestas de lo que nos une y nos separa, del pasado, el futuro, y los modos de convivir, y Berlín brinda al respecto un número inusual de ejemplos que pueden servir de referencia.

No quiero terminar sin referirme al punto quizá más llamativo en el trazado de la ciudad: su centro vacío. Después de décadas de propuestas, aún no hay acuerdo sobre el espacio que la RDA bautizó Marx-Engels-Forum, entre la torre de televisión y el Spree. Continuamente ha habido voluntad de edificar viviendas y locales comerciales en lo que antes de la guerra fuera un barrio densamente poblado. Pero la oposición ha sido firme, ante la fundada sospecha de que los únicos beneficiarios serían inversores y turistas, no los residentes de una zona en la que apenas quedan lugares de esparcimiento y precios asequibles. Por de pronto, y tras varios años de destierro, en 2022 se restituyó la estatua de Marx y Engels en su emplazamiento original, y finalizadas ya las obras para la nueva estación de la línea U5, el futuro del parque sigue abierto. Personalmente abogo también por preservarlo, y secundo la propuesta de una iniciativa ciudadana de habilitar un baño público en el Spree, frente a la plúmbea fachada este del Palacio Real: sería un modo de compensar a la ciudadanía por la voraz comercialización del espacio público y acatar la singularidad histórica de Berlín dejando vacío su centro. Nunca se logrará un consenso unánime sobre el espacio urbano, pero quizá mi breve ensayo haya servido para esbozar las líneas de conflicto y sus implicaciones. No se trata tanto de decantar el debate como de no cerrarlo en falso: es algo que pocos lugares muestran de forma tan drástica como Berlín, la ciudad condenada a no ser (y a estar continuamente transformándose).

BIBLIOGRAFÍA

La práctica totalidad de la bibliografía que sustenta este ensayo solo existe en alemán. Deseo, sin embargo, enumerar algunas obras clásicas o que cito expresamente en el texto; prescindo de obras de ficción, biografías, memorias, diarios, cartas y reportajes, así como de documentales fílmicos y testimonios recabados en visitas guiadas, jornadas de puertas abiertas, e incontables exploraciones.

Akademie der Künste (1993): *Streit um die Neue Wache. Zur Gestaltung einer zentralen Gedenkstätte*, Berlín.

Bisky, J. (2019): *Berlin. Biographie einer großen Stadt*, Berlín, Rowohlt.

Bodenschatz, H. (2010): *Städtebau in Berlin*, Berlín, DOM publishers.

De Bruyn, G. (2004): *Unter den Linden*, Múnich, btb Verlag.

Dahn, D. (1987): *Kunst und Kohle*, Darmstadt / Neuwied, Luchterhand.

Danyel, J. (2019): *Ost-Berlin. 30 Erkundungen*, Berlín, Ch. Links Verlag.

Durth, W., Düwel, J. y N. Gutschow (1999): *Ostkreuz. Aufbau. Architektur und Städtebau in der DDR*, Frankfurt / Nueva York, Campus.

Elstermann, K. (2018): *Meine Winsstraße*, Berlín, be.bra verlag.

Feyerabend, W. (2000): *Berliner Hinterhöfe*, Leipzig, Henschelverlag.

Feyerabend, W., Raschke, Th. y V. Stiller (2016): *Scheunenviertel und Spandauer Vorstadt*, Berlín, L+H Verlag.

Goebel, B.(2018): *Mitte! Modernisierung und Zerstörung des Berliner Stadtkerns*, Berlín, Lukas Verlag.

Gympel, J., Streich, W. y V. Wagner (2001): *Die KulturBrauerei im Prenzlauer Berg,* Berlín, be.bra verlag.

Hassemer, V. (2011): *Wozu Berlín? Eine Streitschrift*, Berlín / Kassel, Siebenhaar Verlag.

Hilkenbach, S. y W. Kramer (1990): *125 Jahre Straßenbahnen in Berlin*, Düsseldorf, Alba.

Hochmuth, H. (2024): *Berlin. Das Rom der Zeitgeschichte*, Berlín, Ch. Links Verlag.

Hoffmann-Axthelm, D. (2011): *Osten Westen Mitte*, Berlín, *edition*.foto.TAPETA.

JANDER, M. (2003): *Berlin (DDR). Ein politischer Spaziergang*, Berlín, Ch. Links Verlag.

KIAULEHN, W. (1997): *Berlin. Schicksal einer Weltstadt*, Múnich, C. H. Beck.

KNOBLOCH, H. (1991): *Berliner Grabsteine*, Berlín, Morgenbuch Verlag.

LIEBMANN, I. (1982): *Berliner Mietshaus*, Halle, Mitteldeutscher Verlag.

MÜLLER-BUSCH, H. Ch. y J. WERNER (2012): *Tot in Mitte. Spaziergänge zu Kirchen, Friedhöfen und Erinnerungsorten in Berlin-Mitte*, Berlín, be.bra verlag.

OSWALT, P. (2023): *Bauen am nationalen Haus*, Berlín, Berenberg.

SCARPA, L. (1986): *Martin Wagner und Berlin*, Braunschweig / Wiesbaden, Fried. Vieweg & Sohn Verlagsgesellschaft.

SCHÄCHE, W. y N. SZYMANSKI (2009): *Brunnenstraße 181 – vom voigtländischen Siedlerhaus zur Stadtbibliothek Mitte*, Berlín, Fata Morgana.

SCHERER, B. M. (2007): *Das Haus. Die Kulturen. Die Welt*, Berlín, Nicolai.

SENATSVERWALTUNG FÜR BAU- UND WOHNUNGSWESEN (1990): *Stadterneuerung Berlin*, Berlín.

Sevilla-Buitrago, A. (2023): *Contra lo común. Una historia radical del urbanismo*, Madrid, Alianza.

Trotha, H. von (2021): *Die große Illusion*, Berlín, Berenberg.

Ulrich, A. (2016): *Torstraße 94*, Berlín, be.bra verlag.

Wolle, S. (2020): *Ost-Berlin. Biographie einer Hauptstadt,* Berlín, Ch. Links Verlag.

QUIZÁ MÁS QUE CUALQUIER OTRA CIUDAD CONTEMPORÁNEA, BERLÍN SE OFRECE COMO PALIMPSESTO, COMO REVOLTIJO DE TRAZOS SUPERPUESTOS CUYO LENGUAJE HEMOS DE APRENDER A DESCIFRAR.

IBON ZUBIAUR

CUADERNOS DE HORIZONTE

12. *Variaciones sobre Budapest* 2.ª ed.
    SERGI BELLVER

13. *Huellas negras. Tras el rastro de la esclavitud*
    DIEGO COBO

14. *Imagen de la India* 2.ª ed.
    JULIÁN MARÍAS

15. *Tiempo de Hiroshima*
    SUSO MOURELO

16. *Eva en los mundos. Escritoras y cronistas*
    RICARDO MARTÍNEZ LLORCA

17. *La ascensión al Mont Ventoux* 2.ª ed.
    FRANCESCO PETRARCA
    TRADUCCIÓN DE IÑIGO RUIZ ARZALLUZ

18. *El espíritu de Roma. Fragmentos de un diario* 2.ª ed.
    VERNON LEE

19. *Diario austral. Crónica de un viaje a la Argentina*
    ANTONIO RIVERO TARAVILLO

20. *No le hagas preguntas a la tristeza. Antología de poemas de las tribus de la India*
    JESÚS AGUADO

21. *Contra Florencia* 3.ª ed.
    MARIO COLLEONI

22. *Al pie de la Torre Eiffel*
    EMILIA PARDO BAZÁN

23. *Lima, la sin lágrimas*
César Antonio Molina

24. *Lorenz Saladin. Una vida para las montañas*
Annemarie Schwarzenbach

25. *Viaje a Jerusalén*
Pierre Loti

26. *Himnos al sol en la oscuridad. Un viaje al Gales de Dylan Thomas*
Juan Pablo Bertazza

27. *Sepulcros etruscos. Un viaje por la Toscana*
Nicanor Gómez Villegas

28. *Al sur de Tánger. Un viaje a las culturas de Marruecos* 6.ª ed.
Gonzalo Fernández Parrilla

29. *Bebé de las Nieves*
Josephine Diebitsch Peary

30. *El sol de Lorrain. Un viaje hacia el atardecer*
Daniel Muñoz de Julián

31. *Recóndita armonía. Un paseo por Florencia y la Toscana*
Carlos Pascual

32. *Viaje a China*
Marco Polo
Edición y traducción de Mauro Armiño

33. *La reina de las aguas. Un viaje eterno por Roma*
Fernando Clemot